D1987083

Berlin gärtnert

Kübel, Beet und Samenbombe

Jana Kotte (Hrsg.)

Inhalt

Berlin gärtnert

Gärtnern ohne Garten

Gärtnern auf eigener Scholle

Gärtnern in öffentlichem Raum

Gärtnern in Gemeinschaft

Gärtnern in großem Stil

HEADS UP HIGH
FREITAG ★ 4. NOVEMBER
CALABASH CLUB/ACUD
REGGAE/DANCEHALL/SOCA
SOLID GROUND
DYNABLASTER
SCOR
PAIHIVO
PAIHIVO
Live In Concert
NORMA
GERETTETER GARTEN AUS NEUKÖLLN
Geretteter Garten aus Neukölln

Warum gärtnert der Berliner so gern?

So viele Berliner es gibt, fast so viele Antworten gibt es auf diese Frage. Die wahrscheinlichste: „Der Belina liebt eben det Jrüne." Und warum liebt er das Grüne? Weil er im Grunde seines Herzens ein Dörfler ist. Er lebt in Biesdorf, Kaulsdorf, Mahlsdorf, Mariendorf, Reinickendorf, Wilmersdorf, Zehlendorf, in Tempelhof, Adlershof und Lichterfelde und bildet sich ein, ein Großstädter zu sein. Ist er aber nicht. Zum Glück. Die einen sind es nicht, weil sie als Urberliner stets das Grüne suchen – wie Motten das Licht. Die anderen, weil sie in ihrer hessischen, sächsischen oder schwäbischen Heimat im Grünen aufgewachsen sind. Was heißt das aktuell? Wer den Berlinern das Gärtnern nehmen will, kann auch gleich Berlin abschaffen.

Aber wissenschaftlich korrekter ist möglicherweise die Antwort, dass Berliner nicht mehr und nicht weniger gern gärtnern als die große Mehrheit aller Menschen. Denn das Gärtnern liegt uns in den Genen. Immerhin war der Übergang vom Nomadentum zur Felderwirtschaft die größte Revolution in der gesamten Menschheit. Und Felder waren ja anfangs kaum größer als ein heutiges Kleingartenbeet. Diese Revolution jedenfalls will sich niemand mehr nehmen lassen. Da spielen Hautfarbe, Konfession und Einkommen keine Rolle. Gärtnern verbindet. Für die heutige Politik heißt das: Gebt den Menschen ein Stück Land, sonst kommen sie nur auf dumme Gedanken.

Soziologen werden jetzt kommen und sagen, dass der Wunsch nach Betätigung im Grünen viel mit der Entfremdung in der modernen Arbeitswelt zu tun hat. Als kreativer Ausgleich für eine stumpfsinnige Arbeit. Damit ist noch nicht einmal nur die monotone Arbeit gemeint. Auch super kreative Arbeit kann super stumpfsinnig sein, wenn man am Ende keine konkreten Resultate in den Händen hält. Und genau das schafft der Garten. Die Fuchsie, die Stachelbeere oder die Birne sind so konkret, mehr geht nicht. Und was heißt das für Soziologen? Verteufelt den Kleingarten nicht als spießig!

Bei dieser Aufzählung wollen wir auch die nicht vergessen, für die die Arbeit mit Grünzeug ein probates Mittel zur Inbesitznahme der Stadt ist. Immer wieder wird eine Stadtbrache so zum Kampfgebiet um die Zukunft des Gemeinwesens. Finden Sie heraus, warum Ihnen das Gärtnern so wichtig ist. Das Buch hilft bei der Orientierung.

Jana Kotte

Aus der Geschichte

Autorin:
Elisabeth Meyer-Renschhausen ist Journalistin und Dozentin für Soziologie an der FU Berlin

Auf einer Landkarte von 1764 ist ein winziges Berlin von zahllosen Gärten umgeben. Die Stadt hatte die mittelalterliche Enge gesprengt, der Übergang vom urbanen zum dörflichen Leben wurde fließend. Gärten gehörten bei der allmählichen Erweiterung der Stadt einfach dazu. Das sollte sich aber bald ändern.

Im späten 19. Jahrhundert setzte eine rasante Zuwanderung in die Stadt ein, von 1880 bis 1900 verdoppelte sich die Einwohnerschaft auf 1,9 Millionen. Im Zeitalter der Industrialisierung wuchs Berlin zur Metropole. Die Gartengrundstücke hinter den ersten Mietshäusern wurden mit ähnlich hohen Häusern überbaut, dem Berliner „Gartenhaus". Die Folge: Um 1900 wohnten bereits 48 Prozent der Berliner in lichtlosen Hinterhöfen und ganze Familien in Einraum-Kellerwohnungen, wie Heinrich Zille es illustriert hat.

Aber auch die Villen mit ihren großen Gärten wie zu beiden Seiten des Kurfürstendamms verschwanden. Der Garten bei der Villa des Literaturhauses in der Fasanenstraße verschafft uns eine Ahnung davon, wie es im innerstädtischen Berlin ausgesehen haben mag, bevor alles mit vier- bis fünfgeschossigen Mietshäusern nahtlos zugebaut wurde.

Der Krögel im heutigen Berliner Bezirk Mitte

„Stadtmüdigkeit" war das Ergebnis. Man ersann Fluchtwege ins Offene. Ab 1883 wurde der Kurfürstendamm als Prachtweg in den Berliner Grunewald ausgebaut. Auf Betreiben des Reichskanzlers Bismarck mit Reitweg in der Mitte samt flüsternder (mit Rücksicht auf die Nervosität der Pferde) Dampfstraßenbahn. Anfangs endete die neue Prachtstraße im Nichts, in „einer Wüste" durchsetzt von Spargelbeeten und Bahndämmen, wie es in Fontanes „Jenny Treibel" hieß.

Die Wortführerin der Frauenbewegung Helene Lange verließ den trubeligen Bezirk Tiergarten und bezog 1901 eine Dachgeschosswohnung im Grunewald. Bereits zehn Jahre früher hatte sich um den Bodenreformer Paul Kampffmeyer und die Brüder Bernhard sowie Hart eine Künstler-Wohngemeinschaft, die „Neue Gemeinschaft", in Friedrichshagen angesiedelt. Sie schickten ihre Anregungen ebenfalls besonders in Form von Zeitschriften in die Hauptstadt. Kurzum: In jenem Moment, wo in der inneren Stadt „nachverdichtet" wurde, ziehen diejenigen, die sich etwas Ruhe und Grün gönnen konnten, raus aus „grauer Städte Mauern".

Der Volkspark Friedrichshain ist die erste kommunale Parkanlage Berlins.

Ab den 1870er Jahren war eine allgemeine Debatte darüber entstanden, wie diesem Elend abzuhelfen sei. Die damals 70-jährige Gräfin Adelheid Dohna-Poninski forderte unter dem Pseudonym Arminius 1874 in ihrer Schrift „Die Großstädte in ihrer Wohnungsnot..." Parks und grüne Erholungsflächen für alle Stadtbewohner in erreichbarer Entfernung, nebst der Anlage von Gartenstädten für die Arbeiterbevölkerung.

Die Nationalökonomen und andere Universitätsprofessoren waren nahezu alle Gegner der ungehinderten Bodenspekulation, in der sie die Ursache für die Armut sahen. Erst der Ausbruch der Cholera-Epidemie im Hamburger Gängeviertel 1892 schuf die Einsicht, dass gehandelt werden muss. Dass die licht- und luftlosen Hinterhöfe mit überbelegten Wohnungen auch den Reichen Tuberkulose bringen konnte, wusste man ab 1882.

Der Bund deutscher Bodenreformer von 1888 forderte zur Abhilfe Wertzuwachssteuern zugunsten der Kommunen – eine Art Finanztransaktionssteuer – und Gartenstädte auf genossenschaftlicher Basis. In Berlin entstanden seither gartenartig angelegte grüne Plätze wie der Helmholtzplatz oder der Victoria-Louise-Platz als Naherholungsflecken für Alt und Jung. Es folgten die Volksparks und erst dann wurden Flächen für die individuelle gärtnerische Betätigung der Berliner ausgewiesen. *Elisabeth Meyer-Renschhausen*

Gärtnern ohne Garten

Warum in die Ferne schweifen...? Zum Gärtnern muss man nicht an den Stadtrand. Die Fensterbank, der Balkon, das Dach, der Hinterhof – sie alle bieten Raum zur Betätigung im Grünen. Die Natur macht es vor: Wo siedeln sich nicht überall Pflanzen an und beweisen ihren Lebensmut? Sind sie nicht die wahren Beherrscher unserer Innenstädte? Das Grün in und an den Häusern verrät viel über ihre Bewohner, ihren Sinn fürs Schöne, ihren Optimismus, ihre Lebensfreude. So sind die Berliner!

Berliner Balkons

Auf manchen Berliner Ansichtskarten sieht man nichts weiter als schön renovierte Fassaden mit malerisch bepflanzten Balkons. Diese dachlosen Erker sind oft nicht einfach nur bunt, sondern gewissermaßen mit großer Leidenschaft begrünt. Ganze Stadtteile wie etwa die Gegend um den Chamissoplatz in Kreuzberg oder das Paul-Lincke-Ufer am Landwehrkanal sind seit den späten 1980er Jahren berühmt für ihre überbordend bepflanzten Balkons.

Wohl gab es phantasievoll bepflanzte Balkons auch vor der Fassadenrenovierung in den 1980er und 1990er Jahren. Vor dem Einerlei der grauen Häuserfassaden fielen sie nur nicht so auf. Als sich Berlin nach dem Mauerfall ein neues Selbstbewusstsein zulegte und gleichzeitig von der Industrie- zur Touristenstadt mutierte, ergriff die Berliner eine wahre Verschönerungswut. Und das hieß zu allererst: Begrünung wo es nur ging. Die meisten Innenstadtbewohner begannen – wie könnte es auch anders sein? – mit dem eigenen Balkon. Jedoch ist die Leidenschaft der Berliner für ihren Open-Air-Zimmeranbau nichts Neues. Über Vorbauten an Schlössern, von wo die Herrschaften der Menge huldvoll zuwinken konnten, verbreiteten sich Balkons über Adelspaläste und herrschaftliche Villen in die Berliner Mietshauskultur. Was half, war wahrscheinlich, dass die Mietshäuser in der Gründerzeit ab 1870 zumindest straßenseitig sehr repräsentativ mit

Kaffeeklatsch auf dem Balkon, Berlin 1928

einer an den Barock angelehnten Fassadengestaltung gebaut wurden. So wanderte der Balkon vom Palast ans Berliner Mietshaus.

Balkon der Autorin: Sogar auf einem reinen Nordbalkon blüht es.

Obwohl man Anfang des 20. Jahrhunderts zu einer ruhigeren Fassadengestaltung zurückkehrte, blieb der Balkon – oft nunmehr in die Fassade integriert – als Loggia oder Altan. Ganz besonders dann, wenn wie in Friedenau am Rüdesheimer Platz im „Landhausstil" gebaut wurde, wo Erker, Loggien und Balkons zum Baustil einfach dazugehörten. In der sachlichen, funktionalen Bauweise der 1920er Jahre wurde der Balkon schließlich zum Standard, war doch das „Neue Bauen" der 1920er Jahre auch einem sozialen Denken verpflichtet.

Erst die extremen Sparauflagen der Nachkriegszeit ab 1945 machten die Balkons an manchen Neubauten zu fast unbenutzbaren Winzlingen. Dass das Wohnhaus für die Bundestagsbediensteten hinterm Kanzleramt, die so genannte „Bundesschlange", in den späteren 1990er Jahren aus Spargründen ohne Balkons gebaut wurde, empfinden die balkonverwöhnten Berliner daher als überaus merkwürdig.

Fehlt der Balkon, findet sich trotzdem auf der Fensterbank Platz.

Susann Hellemann und Lothar Binger fanden in den berühmt-berüchtigten Berliner Trödelläden alte Foto-Alben mit bemerkenswert vielen Balkonaufnahmen, sodass sie beschlossen, ein ganzes Buch daraus zu machen. Resultat ihrer Recherchen war, dass die Hauptstädter bereits vor 100 Jahren ihre Balkons gewissermaßen ausgiebig „besaßen". Mit dem Ruf „Frische Erde" läuteten fliegende Händler die Balkonsaisons um 1910 ein. Auch machten die Berliner dann während der Inflation und der anschließenden Weltwirtschaftskrise stillvergnügt Ferien auf Balkonien. Die alten Fotos zeigen ganze Serien von spielenden Kindern im Schatten der Balkonmauern, überrankt von Wein oder Efeu. Auf halber Höhe prankten rot und rosa blühende Geranien (botanisch korrekt Pelargonien), Fuchsien und Fetthenne, Petunien oder Männertreu. Bereits damals erschien Besuchern aus New York oder Paris das Balkonleben der Hauptstadtbewohner als außergewöhnlich und bemerkenswert.

Widrigkeiten eines Balkongartens
Dabei ist das Gärtnern auf dem Balkon alles andere als leicht und insofern auch nicht übertrieben billig. Dem von Berliner Balkonfans heiß geliebten Oleander ist es im 4. Stockwerk oft viel zu windig. Den Geranien wiederum gefällt die Sonnenlosigkeit der Wirtschaftsbalkons nach Norden wenig. Der ewige Höhen-Wind trocknet die Blumentöpfe aus. Das angemessene Feuchthalten erfordert ein besonderes Maß an Fingerspitzengefühl. Und das garantiert noch lange nicht, dass das so freundlich schattentolerante Tränende Herz, die Fuchsien oder Maiglöckchen, vor allem aber die schönen Rankpflanzen wie der wilde Wein, Geißblatt, Clematis oder Knöterich in den engen Containern nicht einfach erfrieren.

Das Balkonleben ist nichts für Anspruchsvolle. Warum also nicht einfach den genügsamen einheimischen Weißklee pflanzen?

So verstehen wir Nachgeborenen, allmählich bescheidener werdend, warum die sparsameren Hausfrauen unserer Vorgängergenerationen so gern auf die robusten Geranien zurückgriffen, die zurückgeschnitten im dunklen, feuchten Keller viel leichter durch den Winter zu bekommen waren als andere. Auch Dahlien, rechtzeitig aus den Gefäßen gebuddelt und dick in Zeitungspapier eingeschlagen zum Überwintern zur Ruhe gebracht, bieten gute Chancen, im nächsten Jahr wieder mit mehrwöchiger Blüte erfreuen zu können. Die Fuchsien sind erprobte Halbschattengewächse, die in Töpfen an der Hauswand überwintern können.

Mit den richtigen Tomatensorten erzielt man eine gute Ernte.

Ackerwinde

Für die einheimische Insektenwelt ist es natürlich besser, wenn die Balkongärtner auch einheimische Pflanzen halten, wie etwa Akelei, Margeriten oder Klatschmohn. Manche Kräuter wie Minze, Salbei, Thymian oder Ringelbumen sind brave einheimische Pflanzen, die Hummeln und Bienen von weither anziehen, die sich zudem vergleichsweise leicht im Topf halten lassen. Acker- und Prunkwinde sind gut für die einheimischen Insekten ebenso wie Kapuzinerkresse. Da sie sich leicht aus Samen ziehen lassen, entfällt der Stress, sie durch den Winter zu bekommen. Lässt man sie mitsamt ihren Samen im Winter im Topf stehen, freuen sich die Spatzen und Meisen.

Seit einigen Jahren ist neben dem Kräuterziehen auch der Gemüseanbau auf dem Balkon wieder aufgetaucht. Auf den Wochenmärkten sind bereits kleinwüchsige Balkon-Tomaten zu erstehen, die sogar im ständigen Halbschatten vieler Hausbalkons eine üppige Fruchtbildung schaffen. Statt Prunkbohnen lassen sich auch grüne Bohnen ziehen und statt wildem Wein wuchs in Berlin auch früher schon an geeigneten Hauswänden echter Wein. Das neue soziale Phänomen der urbanen Landwirtschaft kehrt in die Großstädte des Nordens zurück und zieht auch in die Häuser mit ihren Balkons oder Dachterrassen ein. Diese Hinwendung zum „Wirtschaftsbalkon" – einer wiederauflebenden Subsistenzökonomie – neu ist sie nicht. In der Zeit der großen Gartenbegeisterung vor dem I. Weltkrieg begannen bereits manche Berliner damit, auf ihren Balkons Gemüse zu ziehen. Eine Übung, die sich während der beiden großen Kriege und in den Hungerjahren danach bewähren sollte. Damals nahmen Kartoffelkisten und Kaninchenställe auf den Hausbalkons immer mehr Platz ein, wenn noch kein geeignetes Grabeland oder ein Garten in einer Laubenkolonie gefunden war.

Kartoffel

Das Gute am Balkon-Gemüseziehen ist, dass man sich auf einjährige Pflanzen beschränkt. Davon gibt es genug: Salat, Bohnen, Erbsen, Kohl. Wenn der Balkon groß ist, kann man sogar versuchen, Zucchini, Kürbisse, Tomaten oder auch Kartoffeln zu ziehen. Aus einem Sack mit 15 Kilo Erde kann man gut ein Kilo Kartoffeln erzielen und vielleicht sogar etwas mehr. *Elisabeth Meyer-Renschhausen*

Grüne Dächer

Autor:
Werner Wiartalla ist Leiter des Ökologiebüros der ufaFabrik

Warum Gründächer bauen? Okay, sie sehen auf jeden Fall schöner aus als Teerpappedächer. Aber lohnen sich der Aufwand und die Kosten?

Das wichtigste Argument ist das Klima rings um ein solches Gründach. Schon die allerersten Behausungen der Menschheit vor 30.000 Jahren waren Wohngruben mit Grassodenabdeckung, die in der eiszeitlichen Kälte für wärmenden Schutz sorgten. Im heißen Klima im Alten Ägypten erkannte man ebenfalls diese ausgleichende Wirkung. Auf die Flachdächer der ägyptischen Wohnhäuser wurden neben Loggien und Küchen auch Gärten angelegt mit Lotosblumen, Papyrusstauden, Winden und Chrysanthemen. Später wurden die „Hängenden Gärten von Semiramis" in Babylon bekannt. Auch im Alten Griechenland, im Alten Rom und im oströmischen Reich gehörten Dachgärten zur Architektur. In der Renaissance erlebten sie ihre wahre Blüte und in der Romantik galten sie als Prinzip einer damals modernen Architektur.

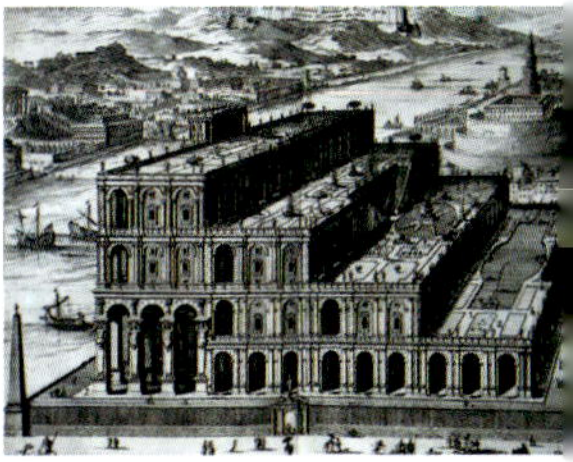

Die „hängenden" Gärten der Semiramis in Babylon

Nachdem in der neueren Zeit lediglich Naturfreaks und Freunde alternativer Lebensweisen mit Dachbegrünungen experimentierten, erleben Gründächer heute auch in der konventionellen Architektur ein Comeback. Ein Gründach filtert Staub aus der Luft, bringt angenehme Feuchtigkeit in die Umgebung und kühlt das Gebäude in heißen Sommern. Eine Wohnung unter einem begrünten Dach braucht im Sommer keine Klimaanlage! Das Diagramm auf der folgenden Seite zeigt deutlich die Temperaturverläufe auf den verschiedenen Dächern. Ein herkömmliches Teerpappedach zeigt eine hohe Schwankung zwischen Tag- und Nachttemperaturen. Eine Dachbegrünung harmonisiert deutlich diese Schwankungen und bietet ein ausgewogenes Raumklima in den Räumen unter dem Dach.

Auf den Dächern der ufaFabrik wurde eine der modernsten Solaranlagen Berlins installiert.

Mit freiem Blick in den Himmel und begleitenden Geräuschen der Insekten und Vögel ist ein Gründach viel mehr als nur eine Augenweide.

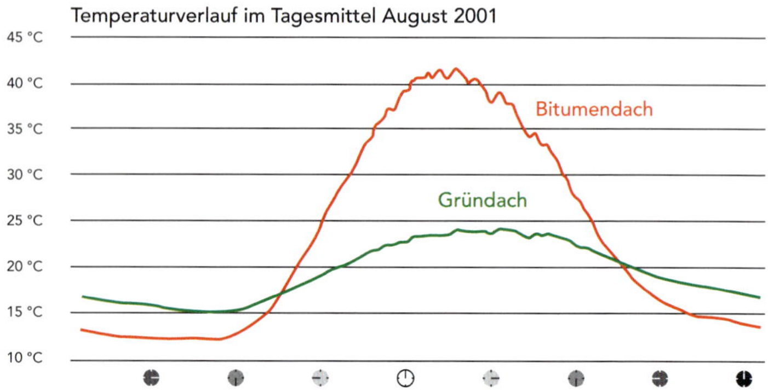

Gründächer bieten Platz für Freizeit und Entspannung oder sogar für die intensive Landwirtschaft. Um das Gründach intensiv zu nutzen, sind aber ein paar Dinge zu beachten: Die Statik des Daches, also die Tragfähigkeit, ist von einem Architekten oder Statiker zu begutachten. Die Belastbarkeit herkömmlicher Flachdächer ist für Schneelasten und aufgestautes Wasser berechnet. Für die Begrünung mit ca. 10 cm dickem Substrat müssen 100 kg pro Quadratmeter einberechnet werden.

Silent sky ist eine Kunstaktion des Niederländers Rob Sweere. Hier eine halbstündige gemeinsame Meditation auf dem Gründach der ufa Fabrik.

Plant man ein begehbares Dach, ist natürlich die Personenzahl ausschlaggebend für die Statik. Eine Party auf dem Gründach müssen nicht nur die Nachbarn aushalten, sondern auch die Dachbalken. Hier ist professioneller Rat unabdingbar. Will man einen Gemüsegarten dort oben anlegen, benötigt man viel mehr Substrat und eine Bewässerung für die Pflanzen. Das Dach wird also schwerer. Ist dann alles zur Statik berücksichtigt, steht dem gemeinsamen Aufenthalt in den „himmlischen Gärten" nichts mehr im Wege – und wer sagt denn, dass man Nachbarn nur auf dem Hausflur treffen muss?

ufaFabrik Berlin
Internationales
Kulturcentrum
Viktoriastr. 10-18
12105 Berlin
Information geöffnet:
Mo – Sa: 10 – 19 Uhr
Sonntag: 14 – 19 Uhr
außer an Feiertagen!
info@ufafabrik.de
Tel. 030-755 03-0

Die ufaFabrik

Ab den 1920er Jahren beherbergten die Hallen der heutigen Tempelhofer ufaFabrik Filmstudios und ein Kopierwerk der ufa. Damals nutzte man auf dem Dach des Filmbunkers – dort lagerten hunderte von Filmen – Schlacke zum Brandschutz. Nach dem Weggang der ufa

Film Aktiengesellschaft 1965 breitete sich dort oben bereits unbemerkt eine karge Vegetation aus. Nach der friedlichen Wiederinbetriebnahme der Gebäude am Teltowkanal 1979 haben die neuen Nutzer das ehemalige Filmgelände zu einem internationalen Zentrum für Kultur, Ökologie, Ökonomie und Soziales umgestaltet. In den frühen 1980er Jahren entstanden in der ufaFabrik Berlin die ersten Gründächer. Die Ausführung wurde durch Eigenleistung von Bewohnern und Freunden realisiert.

Esparsette

Die unterschiedlichen Dächer haben eine Neigung zwischen 2 und 20 %. Will man ein schräges Dach begrünen ist erheblicher Aufwand zu betreiben. Es müssen Rutschschwellen eingebaut werden, um das Substrat vor dem Abrutschen zu schützen. Durch den schnelleren Abfluss der Feuchtigkeit im Substrat muss in heißen Sommern das Gründach dann auch bewässert werden. Die Aufbauten der Dächer der ufaFabrik sind in etwa gleich, wobei die Substrate variieren. Bei den Gründächern der ufaFabrik in den 1980ern, wurde eine sehr vielfältige Mischung bunt blühender Arten verwendet, etwa Esparsette, Wundklee und diverse Sedumarten.

Sedum-Arten, wie das Sedum Kamtschatikum, sind wasserspeichernd. Zur Vermehrung am besten zwischen Mai und Oktober Triebstücke auf der Erde ausstreuen.

Nur die Harten kommen in den Dachgarten
Nicht jedes Dach ist gleich. Ist das Dach der direkten Sonneneinstrahlung intensiv ausgesetzt, sind die Sedumarten am konkurrenzstärksten und am bedeutendsten. Andererseits wirkt eine Solar-Anlage wie ein großer Schirm, der die Sonnenstrahlen dämpft. Darunter wachsen Arten höher als auf dem offenen, Wind und Sonne ausgesetzten, Dach. Beifuß und Graukresse sind hierfür exemplarisch zu nennen. Die Dächer von flachen Gebäuden sind oft von größeren Bäumen so beschattet, dass hier eine für Gründächer unübliche Vegetation zu finden ist. Hier wachsen Saumarten, die eher von Gehölzstreifen im Garten bekannt sind, etwa Storchschnabel, diverse Wicken und Gräser, die die volle Sonne meiden.

Johanniskraut

Mit 40 bis 50 verschiedenen Pflanzenarten ist jedes dieser Dächer deutlich artenreicher als die

Mit begrünten Dächern lassen sich in der Großstadt die wenigen grünen Lebensräume erweitern.

meisten typischen Gründächer innerhalb Berlins. Seit etwa 15 Jahren werden die Pflanzenarten auf den Dächern der ufaFabrik wissenschaftlich beobachtet. Sie sind an trockenes Wetter angepasst und eigentlich für derartige Standorte typisch. Aus den vorherigen, eher besser wasserversorgten, Zeiten überdauert aber noch eine Vielzahl von Pflanzen als Samen im Boden, die in besonders feuchten Jahren, etwa 2004, erneut zur Blüte gelangen. So bieten Gründächer jährlich ein leicht unterschiedliches Vegetationsbild – mit positiver Auswirkung auf die innerstädtische Biodiversität.

Substrate und Wässerung

Da die speziellen Pflanzen einer Dachbegrünung zwar wenig Nährstoffe brauchen, aber auf Feuchtigkeit angewiesen sind – an diesem extremen Standort herrschen viel Wind und viel Sonne vor – wurden spezielle Substrate verwendet. Hierzu zählen Lavasteine, Blähton oder Blähschiefer. Durch deren Offenporigkeit kann über längere Zeit viel Wasser gespeichert werden. Ein weiterer Vorteil dieser Substrate ist das geringe Gewicht im Vergleich zu Erde.

In den ersten Jahren erfolgte noch eine regelmäßige Wässerung, was insbesondere das Wachstum der Kleearten und der empfindlicheren Arten begünstigte. Ende der 1990er wurden die Dächer nur noch selten bewässert. Die Vegetation hat sich darauf eingestellt. „Gewinner" der reduzierten Wasserversorgung waren die weithin etablierten Sedumarten, die heute eine Deckung von über 50 Prozent der Gesamtfläche auf den meisten Dächern ausmachen.

Die Vegetation ist stark abhängig von den klimatischen Verhältnissen. Die beiden Fotos zeigen dasselbe Dach zur gleichen Jahreszeit, aber in unterschiedlichen Jahren – oben in einem Jahr mit wenigen Niederschlägen, unten mit viel Niederschlägen und einem milden Frühsommer.

Noch alles dicht?

Als Abdichtung des Daches müssen Folien verwendet werden, die resistent gegen die Wurzeln der Pflanzen sind und natürlich das Dach gegen Nässe abdichten.

In den 1980ern sind hier wurzelfeste PVC-Folien verwendet worden. Durch Ausgasen der darin enthaltenen Weichmacher sind die Folien bis zu 5 Prozent geschrumpft und haben Risse an den Rändern entwickelt. Das Regenwasser hat sich dort seinen Weg gesucht, und das Theater war groß. Daher rührt auch die landläufige Meinung, Gründächer seien nicht haltbar oder ständig undicht.

Auf die richtige Abdichtung kommt es an – das sollte man dem Profi überlassen.

Bei den heute verwendeten Folien aus Polyolefinen und ähnlichen langlebigen, UV-beständigen, recycelbaren Kunststoffen ist dieses Risiko so gut wie verschwunden. Ein mit Teerpappe gedecktes Dach ist auf jeden Fall wartungsintensiver und anfälliger als ein Gründach. Und wer schaut auch schon gerne ins Schwarze.

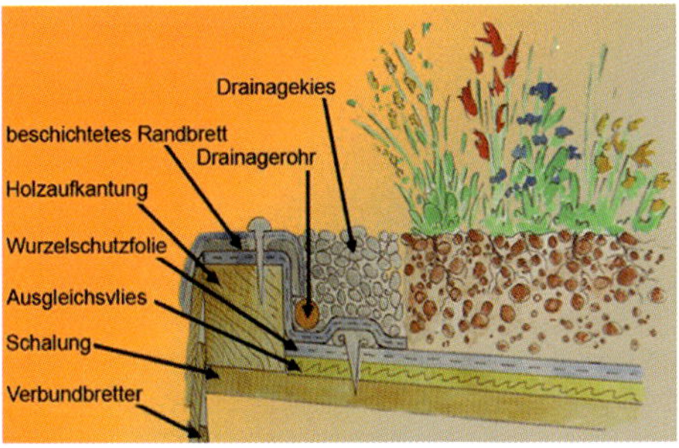

Die Möglichkeiten mit Vegetation eine lebenswerte Stadt zu schaffen, sind noch lange nicht ausgereizt – langsam erkennt das auch eine zunehmende Anzahl an Architekten. Außerdem gelten Gründächer bei der Einreichung eines Bauantrags als eine Ausgleichsmaßnahme zur Versiegelung von Flächen durch z.B. einen Hausbau.

Zusammengefasst kann man sagen: Ein Gründach ist multifunktional, ästhetisch, kreativ, nützlich, notwendig, umweltbewusst, wirtschaftlich, klimaschonend, lebenstilfördernd und eigentlich aus den Großstädten nicht mehr wegzudenken. Gründächer werden große Verbreitung finden, um das Stadtklima nachhaltig zu verbessern!

Wann begrünen Sie Ihr Dach? Es lohnt sich auf jeden Fall! *Werner Wiartalla*

Hinterhof- und Vorgärten

Autor:
Michael Hinze ist Publizist und aktives Mitglied im NABU

„Dumme rennen, Kluge warten, Weise gehen in den Garten !“ lautet ein im Zusammenhang mit gärtnerischen Anforderungen oft zitierter Spruch des indisch-bengalischen Literatur-Nobelpreisträgers (1913) Rabindranath Tagore. Er findet sich in einem der Lyrikbände, das jahrzehntelang ziemlich ungenutzt im Buchregal meiner Eltern stand und später gar zu meinem Erbe gehörte. Bis ich mir diesen Rat zu eigen machte, sollten allerdings noch weitere Jahre vergehen, in denen mir die von meinen Eltern verordnete Arbeit im gepachteten Kleingarten mehr als unlieb war.

So dauerte es mit dem Durchbruch einer bis dahin ungeahnten gärtnerischen „Karriere“ fast bis zu jenem Moment, als ich Mieter im zuvor von der GESOBAU AG sanierten Wohnhaus in der Pankower Görschstraße 9 wurde. Denn dort sollte sich einer der Mieter melden, um sich in seiner Freizeit möglichst engagiert – aber seitens des Vermieters nur mit geringen materiellen Mitteln ausgestattet – mit der gärtnerischen Pflege der Vorgärten und des Hinterhofes zu beschäftigen. Seither sind rund 17 Jahre vergangen und es hat den Anschein, dass sowohl meine Nachbarn als auch die GESOBAU AG und die jährlich zahlreicher werdenden Besucher aus anderen Teilen Berlins (und der Welt), die sich hier an Tagen

oben:
2 Jahre nach dem Start ...

unten:
... und 15 Jahre später

der offenen „Garten“-Tür Anregungen, Rat und Hilfe erhoffen und manche Pflanze oder hilfreiches Buch fürs eigene gärtnerische Tun mitnehmen, mit dem inzwischen Vorhandenen gut leben können …

Was aus dem Blickfeld verschwinden soll, wird mit einer Hainbuchenhecke umpflanzt. Dann lässt es sich um so unbeschwerter im Garten plaudern.

Die Anfänge dieser Aktivitäten waren ebenso zaghaft wie aufregend. Denn gottlob waren Vorgärten und Hofbereich nur spärlich, aber durchaus ansehnlich bepflanzt. Schließlich sollte es, sofern sich kein pflegender Mieter fand, eine unaufwändige und dennoch ansprechende Grünanlage werden. Manches Obst- oder Ziergehölz war schon vor Jahren von interessierten Mietern gespendet und gepflegt worden, hatte Haus- und Hofsanierung überstanden und sollte auch künftig erhalten bleiben. Hinzu kamen Rhododendren, Forsythien, Spiersträucher, allerlei immergrüne und bodendeckende Gewächse, noch heute ziemlich prächtige Gartenhortensien, sich inzwischen üppig vermehrende Herbstanemonen, mancherlei Farne, eine den Müllplatz mit sommerlichem Sichtschutz versehende Hainbuchenhecke, die Anfänge einer Fassadenbegrünung und viel Gras – ergänzt durch Fahrradabstellplatz, riesigem Sandkasten und Wäschespinne.

Nun waren Ideen gefragt, wie die verfügbaren rund 330 Quadratmeter zum richtigen Garten werden könnten, in welchem Zier- und Nutzpflanzen zur Freude der Bewohner möglichst freudig und ausdauernd wachsen würden. Also wurden zuerst einmal Gartenbücher zu Rate gezogen, Gärtner befragt, Gärtnereien besucht und allerlei Studien in freier Natur gemacht, um eine Ahnung davon und viele Monate später auch ein Gespür dafür zu bekommen, welcher Pflanze welcher Standort mit welchen Licht-, Boden- und Wasserverhältnissen am ehesten dienlich wäre.

Bis sich die ersten erfreulichen Auswirkungen dieser guten Absichten und der darauf folgeden Taten zeigten, vergingen reichlich zwei, drei Jahre, bei denen die gärtnerischen Misserfolge zunächst überwogen. Dann zeichnete sich langsam ab, was aus den Ideen des Hobby-Gärt-

Ein Garten ohne Phlox ist ein Irrtum.

Karl Foerster, Staudenzüchter und Gartenphilosoph

ners zum Wohl von Pflanzen und Hausbewohnern werden könnte: ein möglichst naturnah gestaltetes Garten-„Paradies" fürs Auge ebenso wie in kleinen Mengen für den Magen, fürs behagliche Kaffeetrinken im Freien, fürs Sonnenbaden, für Kinderspiele – kurzum für allerlei Erholsames zum Feierabend oder fürs Wochenende.

So wurde nach und nach das Vorhandene ergänzt und zugleich einem steten Wandel unterzogen. Die mehr als 40 Jahre alten Obstbäume (Sauerkirsche, Apfel, Birne) bekamen die Gesellschaft von kleineren Obstgehölzen (Brombeere, Himbeere, Johannisbeere); die immergrünen Bodendecker wurden reduziert, um Platz für Frühjahrsblüher und Stauden mannigfaltiger Art zu schaffen; aus den vereinzelten Blumeninseln in den vorhandenen Rasenflächen wurden naturnah gestaltete Beete. Auf aus gärtnerischer Sicht unnützen Betonflächen wurden Nutzpflanzen (Tomate, Kürbis, Gurke, Zucchini, sogar Kartoffeln) in Kübeln angebaut und Küchen- und Heilkräuter fanden ihr Zuhause. Die Fassaden zur Straße und zum Hof wurden begrünt mit Efeu und Wildem Wein. Alljährlich gab es Neues zu planen und zu gestalten: mal einen Steingarten, mal einen Totholzhaufen, in dem sich Insekten und Igel ansiedelten; dann kamen Nisthilfen für Vögel und Insekten dazu; dann schließlich – nach dreijähriger Überlegung, welcher Standort wohl der beste sei – wurde ein erster von zwei Kübeln für heimische Wasserpflanzen aufgestellt, wofür sich nicht nur Libellen herzlich bedankten. Im fünften Jahr schließlich war es geschafft, dass wenigstens ansatzweise jenes gärtnerische Ideal verwirklicht war, wonach zu jeder Jahreszeit, den Winter eingeschlossen, etwas Blühendes zu sehen, gar dem Duft nach zu orten war.

Dem vorhandenen Gras – sprich: Rasen – wurden nach und nach neue Ziergräser beigegeben (hatte nicht der Gärtner-„Papst" Karl Foerster Gräser über alle Maßen gelobt?), Phloxe kamen hinzu (hatte nicht Foerster auch geschrieben, dass ein Garten ohne Phlox ein Irrtum sei?).

Letztlich konnte, wer wollte, erfahren, dass auf diesen rund 330 Quadratmetern nahezu 600 Garten- und Wildpflanzenarten und -sorten zu finden sind. Da hatte sich das einstige Sammelsurium schon geordnet, waren unterschiedliche „Gartenräume" entstanden, wurden sogar Farbkonzepte umgesetzt, um dunkle Ecken aufzuhellen oder Akzente zu setzen.

Woher aber kommt diese Vielfalt an Pflanzen? Einige kommen aus Gärtnereien und Super-Märkten, die zumeist im Frühjahr nicht mit preiswerten Pflanzenofferten geizen, von denen nicht alle das zugedachte Freiland-Dasein überstehen. Andere sind aus – man möge sich jetzt nicht verulkt glauben – den Kompost-Behältern von Friedhöfen, in denen sich weiter kultivierbares Pflanzenmaterial in ungeahnter Fülle findet. Das beginnt im späteren Frühjahr mit all den achtlos weggeworfenen Narzissen-, Tulpen- und Hyazinthen-Zwiebeln und endet im Spätherbst mit Unmengen von Pelargonien (besser bekannt als „Geranien"), die einer Überwinterung im heimischen Keller nicht abgeneigt sind. Dazwischen finden sich in den Sommermonaten Rosen, Primeln und und und. Alsdann geht man natürlich auf Garten- und Pflanzentauschmärkte, sieht über den eigenen Zaun auf die begehrenswerten Pflanzen in Nachbars Garten und hält jenem auch gleich ein adäquates Tauschobjekt entgegen. Außerdem werden natürlich Samen gesammelt (im Handel und auf Gartenschau-Veranstaltungen) und Stecklinge werden geschnitten, wenn sich das Gewächs dadurch vermehren lässt.

Natürlich ließe sich alles auch per Katalog bestellen. Doch dafür ist die finanzielle Ausstattung eines Gartenpflege-Vertragspartners gar zu minimal. Also muss er Fantasie und Ideenreichtum auch hierfür entwickeln, muss überlegen, woher er möglichst preiswert oder gar gratis bekommt, was er zum Gärtnern benötigt. Zum Beispiel stehen in nahezu jedem Supermarkt in Kassennähe Schnittblumen in Behältern, die als Pflanzkübel vortrefflich geeignet sind und auf Nachfrage auch gern kostenlos mitgenommen werden können. Mit einem Fassungsvermögen von ca. 10 Litern sind sie vorzüglich geeignet, Tomaten- oder andere Nutzpflanzen zu beherbergen. Aus den Papphülsen von Toiletten- oder Küchenpapier-Rollen lassen sich ebenso wie aus (übrigens zumeist auch kompostierbaren) Eierverpackungen nützliche Aussaat-Behältnisse zum Nulltarif machen.

Aussaatbehältnisse zum Nulltarif

Nicht zu vergessen ist neben allem anderen natürlich eine genaue Betrachtung der kleinklimatischen Verhältnisse. Denn die sind für das Wohlbefinden oder „vorzeitige Ableben" mancher Pflanze von Bedeutung. Noch entscheidender für das Wohl und Wehe der Gewächse und für das ihres Betreuers aber ist die vorhandene Bodenbeschaffenheit und die darin verborgenen Verhältnisse (Sand- und Lehmanteil, Krümelstruktur, Feuchtigkeitsgehalt, Nährstoffgehalt). Lasse ich mal alle Anmerkungen hierzu beiseite, bleibt festzustellen, dass jeder Gärtner – mag er nun konventionell oder naturnah gärtnern – zur Erhaltung und Verbesserung der Bodenverhältnisse ohne die Anlage einer Kompostiereinrichtung eigentlich nicht auskommt.

Die Keller der Berliner Mietshäuser bergen oft wahre Schätze. So können alte Schränke einen neuen Bestimmungszweck bekommen.

Es wäre auch die reine Verschwendung, pflanzliches Schnittgut (vom Rasenschnitt bis zum gärtnerischen Frühjahrsputz) der Bio-Tonne anzuvertrauen, anstatt es für den Garten zu nutzen. Ganz zu schweigen von Kaffee- oder Teeresten, die sich besonders bei den fleißigsten Gartenhelfern, den Regenwürmern, großer Beliebtheit erfreuen, von ungekochten oder behandelten Gemüse- und Obstabfällen und Eierschalen. Also muss ein Kompostiergefäß her, mit Bodenlöchern, damit die Komposthelfer „einwandern" können.

Dabei ist es egal, ob eines gekauft oder selbst gebaut wird. Hauptsache, es ist überhaupt eines vorhanden oder gar zwei, damit der Gärtner in einigen Monaten in bester Qualität hat, was der Boden braucht – Reifekompost, in dem nahezu alles enthalten ist, was die Pflanzen brauchen und man sonst nur teuer kaufen kann. Ohne eigenen Kompost, der an schattiger Stelle im Garten und gut gepflegt reifen soll (duftlos übrigens!), und ohne dessen regelmäßigen

Gebrauch benötigte der Gärtner dann wohl auch ein Vielfaches an teuren Mittelchen zur Bekämpfung von Schädlingen aller Art. Mit der Kompostnutzung und der daraus resultierenden Bodengesundheit stellt sich auch bald jene Schar nützlicher Kleintiere und Insekten (allen voran Bienen, Hummeln, Sing- und andere Vögel, Igel) ein, die jenen (aus menschlicher Sicht) pflanzenschädlichen Tieren und Krankheiten „ökologisch korrekt" Paroli bieten.

Für den naturnah orientierten Gärtner „in Berlin und anderswo" gilt: „Jeder Garten wächst langsam und erreicht erst nach einigen Jahren das Aussehen, die Gestalt und den Inhalt, welchen er erreichen soll. Die Anlage von Naturgärten erfordert eine besondere Planung, einen nicht überdurchschnittlichen Aufwand an körperlicher Arbeit sowie eine Menge Phantasie ... Ob die naturnahe Gestaltung eines Gartens gelungen ist, merkt man nicht nur daran, dass sich die Pflanzen gut entwickeln, sondern auch an der wachsenden Zahl von Tierarten, die sich in den neu entstandenen Lebensräumen ansiedeln." (Ulrich Klausnitzer: Biotope im Garten. Radebeul, 1994, S.7)

Zur Nachahmung hier eine hoffentlich hilfreiche Zusammenfassung der Ausgangssituation und der daraus erwachsenden Folgen:

Der Boden
In den Hinterhöfen der meisten Berliner Mietshäuser findet sich normaler Sandboden, oft mit zusätzlich aufgebrachtem Mutterboden, meist auf einer Bauschuttunterlage. Zur langfristigen Verbesserung kann genutzt werden:

- gekaufte Normalerde, gesammelte Komposterde (kostenloser Überschuss der öffentlich zugänglichen friedhöflichen Kompostierflächen, vorher mit der Friedhofsverwaltung absprechen) und selbst hergestellter Kompost,
- gekaufter und in freier Natur gesammelter Holzhäcksel oder Rindenmulch von Brachflächen und ehemaligen Rieselfeldern,
- Topfballenreste vorwiegend von Stiefmütterchen-Pflanzen, die im späten Frühjahr zu Tau-

senden auf Friedhöfen entsorgt werden, die nur „abgedreht" und auf die Pflanzfläche gekrümmelt werden müssen,
- natürlicher Waldboden, der bei der Neuanlage von Hochspannungsleitungen im Berliner Umland als entbehrlicher Bodenaushub zur Entsorgung vorgesehen ist,
- Lehmboden, der bei der Feldbearbeitung im Berliner Umland „als zu schwer" beiseite geschoben wird,
- Schlamm und Schlick, der bei Gewässersäuberungen in Berlin und Umland als überflüssiger Aushub abgelagert wird,
- gut verrotteter Pferdemist, der im nahen Berliner Umland oder in Berliner Kinderbauernhöfen in großer Menge anfällt,
- Strohstoppeln, die nach der Feldernte kostenlos zu haben sind,
- alte Blumenerde aus Töpfen und Kästen der Mietergemeinschaft.

Generell gilt: unbedeckter, offener Boden ist so möglichst zu vermeiden. Denn ohne regelmäßiges Mulchen (mit Laub, Nadelspreu, Strohresten etc.) ist eine ökologisch verträgliche Bodenverbesserung weder kurzfristig noch dauerhaft zu erreichen.

Die Pflanzen

Einerseits wurden die vorhandenen Gehölze und Pflanzen zunächst um einige preiswert erworbene, geschenkt bekommene oder durch Tausch erhaltene Gewächse ergänzt. Andererseits fiel mir eher zufällig die große Menge der in den Kompostbehältern der Friedhöfe entsorgten Gewächse auf. Die Liste der so gewonnenen Pflanzen ist lang: Rosen, Rhododendron, Eriken, Calluna, Fuchsie, Lavendelheide, Blüten- und Frucht-Skimmie, Grünblättrige oder panaschierte Spindelsträucher, Efeu, Ziergräser, Kräuter, Lavendelbüsche, Narzissen, Tulpen, Hyazinthen, Krokusse, Begonien, Scilla...

Mitunter landen die Blausterne (Scilla) auf dem Friedhofskompost – eigentlich viel zu schade zum Wegwerfen.

Hinzu kamen die Pflanzenaufzucht aus Stecklingen sowie das Einsammeln von Pflanzen durch Entnahmen nicht ausdrücklich geschützter Pflanzen vom ehemaligen Naturstandort, der durch Bau- oder gartenbauliche

Maßnahmen verändert, aufgelassen, um- bzw. neu gestaltet wurde. Einige Pflanzen wurden durch Entnahmen auf Brachflächen, Schuttplätzen, Wegrändern, Bahndämmen, Gewerbehöfen, Industriebrachen oder von leider vom Städtebau „aufgelassenen" Gartenanlagen „gerettet".

Pflanzenbörse

Bilanz meines Gartens 2005: Pflanzenzuwachs ca. 600 Gewächse – bis hin zu Obstgehölzen, von denen die Mehrzahl alljährlich weitergegeben wird – an Hausbewohner, interessierte Besucher, Freunde und Verwandte, „Straßenbekanntschaften", die neu installierte NABU-Naturgarten-Pflanzenbörse ...

Gärtnerische Werkzeuge und Hilfsmittel
Unsere Überfluss-Gesellschaft hält ein großes Sortiment an ausgedienten Dingen bereit, die es aufzuspüren gilt: Töpfe, Tröge, Kübel, Kisten, Schalen (Holz, Keramik oder Plastik), Eierbehälter aller Art dienen zur Anzucht von Pflanzen, desgleichen auf Friedhöfen „entsorgte Beetumrandungen" (ebenfalls aus Holz oder Plastik), Pflanzenstäbe, Drahtgeflechte, Dekoelemente und Armierungsstahl, die als Rankhilfen dienen können, aus optischen Gründen „entsorgte" Gießkannen, Pflanzkübel, Gartenkleingeräte (Handschaufeln, Handharken etc.) oder „Groß"-Geräte, bei denen lediglich die Holzstiele erneuert werden müssen, um sie wieder in Gebrauch nehmen zu können. Auch die diversen Berliner Flohmärkte bieten kostengünstige Möglichkeiten zur Beschaffung von Gartengeräten, bis hin zu Klein-Schubkarren.

Pflanzstäbe lassen sich auch kostenlos durch die Nutzung der Halme von Riesen-Chinaschilf selbst herstellen. Als Holzpflöcke sind bestens die zum Jahreswechsel am Straßenrand entsorgten Weihnachtsbäume geeignet, deren Zweige vorzüglich zur Winterabdeckung verwendet werden können und deren Spreu sich später zur Anlage oder Erneuerung eines Mulchweges verwenden oder als Waldboden-Ersatz kompostieren lässt. Die Stämme geben außerdem vorzügliche, weil nur langsam verrottende Bauhilfsmittel im Garten ab.

Mulchen mit Herbstlaub erspart oft mühsames Jäten und spart Wasser.

Auch das zur Kompostierung nötige und als Bodenbedeckung nützliche Laub findet sich alljährlich buchstäblich auf der Straße, man muss es nur vor der oft ohnehin mit der Laubsammlung überforderten BSR selbst sammeln und als Winterschutzmaterial oder Flächenkompost nutzen. Seit selbst Kleingärtner unverständlicherweise dazu übergehen, auf eigene Laubkompostierung zu verzichten, findet es sich sogar schon in Säcken verpackt zur weiteren Nutzung an. Zur besseren Kompostierung ist es einfach mit dem elektrischen Rasenmäher zu häckseln.

Pflanzschilder, für die Pflanzenanzucht und Weiterkultur der Jungpflanzen sehr hilfreich, gibt es ebenfalls kostenlos in den Friedhofscontainern: die aus nur teilweise oder gänzlich unbeschriftetem Plastmaterial hergestellten Tragegriffe für Topfplatten. Man muss sie nur säubern, zuschneiden und mit einem wasserfesten Stift beschriften.

Wer sich ein selbstgebautes Foliengewächshaus oder einen kleinen Folientunnel für die Aufzucht kälte- und windempfindlicher Pflanzen zulegen will, muss dafür nicht im Baumarkt teure Folie vom Meter kaufen, sondern nur einen Besuch in einem Berliner Teppichlager machen. Dort dienen solche Folien als Verpackungsmaterial für die Teppichrollen, füllen in großen Mengen die Müllcontainer und warten nur auf einen neuen Verwendungszweck.

t

Auch die in großer Zahl auf den Friedhöfen entsorgten Einsteckvasen aus Plastik sind für Hobbygärtner noch gut zu verwenden. Sie lassen sich vorzüglich als trichterförmiges Verbindungsstück zwischen Regenrinnenfallrohr und Regentonne einsetzen, wenn man zuvor einer solchen Vase die Spitze genommen hat.

Gestaltungshilfsmittel
Kiesel aller Art, Form, Farbe und Größe finden sich nach jedem Pflügedurchgang auf den Feldern im Berliner Umland. Man kann sie vor der Neuansaat auflesen, zusammentragen und zum neuen Bestimmungsort transportieren.

Hölzer finden sich bei näherem und häufigerem Hinsehen überall kostenlos im Stadtgebiet, zumeist als Hinterlassenschaft beendeter aber nicht „besenrein“ übergebener Baustellen. Unbehandelte Rohholzpaletten lagern oftmals – zum nicht geringen Ärger der Anwohner und der Behörden – monatelang im öffentlichen Straßenland und brauchen nur mit Tatkraft entsorgt und neuer Bestimmung zugeführt werden, was auch zur Einsparung von Rohholz dient und zugleich öffentliche und private Finanzen schonen hilft. Vorsicht sei aber trotzdem geboten: Um nicht ungewollt Diebstahl zu begehen, sollte man lieber doch nach einer Bauleitung fahnden.

Kies- und Splittschotter, gern verwendet bei der Gestaltung von Steingärten und zum Mulchen Wärme und Trockenheit liebender Pflanzen, liegt nach jedem Winter tonnenweise auf den Bürgersteigen herum und wartet nur darauf, gesammelt, gewaschen und neu verwendet zu werden. Auch hier gilt: nicht in großem Stile abtransportieren, denn Straßensplitt wird auch von Dienstleistern recycelt.

Gut verwendbar für die Anlage kleiner „Kübelteiche“ sind die stabilen und recht frostfesten Mörtelkübel, in die man preiswerte und farblich passende „Abtropfkörbe für Besteck“ als Behältnisse für die Wasserpflanzen einsetzen kann. Ganz zu schweigen von all den als Zivilisationsmüll ungenutzt herumliegenden Naturmaterialien, um daraus Insektenhotels, Igelquartiere, Futterplätze oder Nisthilfen für Vögel sowie Unterschlupfmöglichkeiten für nützliches Kleingetier zu basteln.

Am Langen Tag der Stadtnatur wird alljährlich der naturnahe Garten im Hinterhof in der Görschstraße geöffnet. *Michael Hinze*

www.langertag
derstadtnatur.de

Osterluzei und Architektentrost

Sie sind die wahren Künstler im Stadtgrün, ob Brandwand, Betonpfeiler oder Müllcontainer, alles lassen sie unter einem Mantel aus grünen Blättern und teilweise prächtigen Blüten verschwinden. Kletterpflanzen hängen am Antennenkabel, umschlingen die Dachrinne, beherbergen ganze Spatzenvölker inklusive deren Nachwuchs und bieten selbst im Winter einen reichlichen Vorrat an Beeren für die hungrige Stadtvogelwelt.

Ist der Putz intakt, kann ihm auch die Kletterpflanze nichts anhaben. Im Gegenteil, die Blätter schützen die Wand vor Regenwasser. Und Wilder Wein sorgt sogar für spektakuläre Farbspiele.

Dabei kommen sie noch mit minimalen Beet-Flächen aus, und für einige, wie für den Wilden Wein, ist das Erklimmen der Berliner Traufhöhe ein reines Kinderspiel. Hervorragend geeignet sind sie zur Verbesserung des Stadtklimas! Kletterpflanzen filtern mit ihrer Blattoberfläche Staub und wirken durch die Verdunstung des Wassers kühlend auf das städtische Klima ein. Die Vielfalt kletternder und rankender Pflanzen ist sehr groß. Daher werden hier nur die in Berlin Gebräuchlichsten genannt.

Favorit ist sicherlich der **Wilde Wein**. Er benötigt keine Kletterhilfen, überwindet Wände und Fassaden bis zu einer Höhe von 20 Metern und erfreut im Herbst durch sein purpurrot und gelb schimmerndes Laub.

Begrünte Fassaden gleichen Temperaturextreme aus. Immergrüne wie der Efeu können sogar Heizkosten reduzieren.

Der **Efeu** ist der Schattenmeister unter den Selbstklimmern. Er benötigt wenig Sonne und nicht zu hell gestrichene Wände. Dann kann er Höhen bis zu 20 Metern erreichen. Das Laub ist immergrün und verschönert somit im Winter jede öde Brandwand. Im Alter ist er weit ausladend und bietet den gefiederten Stadtbewohnern Heimstatt und Nahrung. Seine blauschwarzen Beeren sind allerdings für den Menschen giftig. Vorsicht geboten ist bei beschädigten Fassaden, da Efeu mit den Haftwurzeln und seinem Eigengewicht Putzschäden verstärkt.

Die aus Asien stammende **Clematis** gibt es in einer Vielzahl von Hybrid-Sorten, die in fast allen Farben – von zartrosa, über purpurrot bis dunkelviolett – blühen. Manche Sorten blühen sogar zweimal im Jahr. Diese zierliche Pflanze benötigt eine Kletterhilfe aus Seilen oder Zaunelementen und verschönert neben Hausfassaden vor allem Pergolen und Zäune.

Das **Geißblatt**, auch Jelängerjelieber, verzaubert mit seinen filigranen und oft mehrfarbigen Blüten und durch seinen Duft. An Pergolen und Seilen klimmt er bis zu einer Höhe von 5 Metern. Die Art Lonicera henryi ist auch im Winter grün und bildet so einen ganzjährigen Sichtschutz für Müll- und Fahrradunterstellplätze.

Fast alle **Kletterrosen** benötigen sonnige Standorte und tiefgründigen, humushaltigen Boden. Sie blühen meist in Büscheln rot, rosa und weiß, manche auch gelb oder apricotfarben. Im Herbst tragen sie rote oder grüne Hagebutten. Kletterrosen gedeihen an Holzspalieren und Seilen und benötigen einen regelmäßigen Schnitt.

Achtung: Alle Teile des Blauregens sind giftig.

Die großen weißen, am Rand sternförmigen Blütendolden der **Kletterhortensie** verschönern schattige und halbschattige Wände. Sie klettert mit Haftwurzeln und benötigt keine weiteren Hilfen. Die verblühten Dolden bleiben oft den ganzen Winter über an der Wand und können besonders bei Schnee bizarre Formen bilden.

Blauregen verzaubert im Frühsommer mit seinen doldenförmigen Blütenständen in Blau, Weiß und Rosa. Die Pflanzen sind starkwüchsige Klimmer und benötigen stabile Drahtseile als Rankhilfen. Die jungen, würgenden Triebe haben einen Aktionsradius von mehr als einem Meter, sodass Blauregen weit genug entfernt von Dachrinnen und Fallrohren ranken sollte. Die Fassade darf keine Defekte aufweisen, da Triebe in Spalten eindringen und sie sogar sprengen können.

Ältere Blauregenpflanzen bekommen recht dicke Stämme. Damit sie kein Fallrohr erdrosseln, brauchen die Pflanzen eine eigene Rankhilfe.

Knöterich ist ein eifriger Kletterer. In Windeseile überwindet die Schlingpflanze große Flächen und Höhen. Sie kommt mit allen Licht- und fast allen Bodenverhältnissen klar, belohnt einen feuchten und nährstoffreichen Boden aber mit noch kräftigerem Laubwuchs. Der Knöterich schafft bis acht Meter Triebzuwachs pro Jahr und umschlingt alles, was ihm in die

Wer sich einen Knöterich kauft, sollte auch gleich eine Heckenschere besorgen: Lässt man ihn gewähren, kann er benachbarte Bäume und Pflanzen mit Blattwerk überziehen und ersticken. Ganze Bauten können unter ihm verschwinden, deshalb wird er auch gern „Architektentrost" genannt.

Quere kommt. Von März bis November bildet er dichte Laubmatten, neigt aber im Alter dazu, von unten zu verkahlen. Vor kräftigen Rückschnitten am Ende des Winters sollte man sich daher nicht scheuen.

Die **Pfeifenwinde oder Osterluzei** ist eine Schlingpflanze, die aufgrund ihrer eher filigranen Triebe auch an Fallrohren und Dachrinnen klettern darf. Die Blätter werden bis zu 30 cm groß und bilden ein dichtes Dach, mit dem auch Müllplätze im Sommer gut überschattet werden. Im Winter bleiben die jungen Triebe hellgrün. Die unscheinbaren gelben Blüten erscheinen im Juni und ähneln einer Tabakspfeife.

Ist die Wahl der passenden Pflanze getroffen, ist beim Pflanzen auf öffentlichem Straßenland noch einiges zu beachten. Da die Pflanzlöcher meist in den gepflasterten Gehweg gebracht werden müssen, ist eine Genehmigung der zuständigen Behörde (meist das Tiefbauamt) notwendig, auch weil sich unter dem Pflaster Versorgungsleitungen befinden können. Vorsicht geboten ist auch bei vorhandenen Pflanzungen, die geschädigt werden könnten. Das sollte mit dem Grünflächenamt abgesprochen werden, sonst ist die Kletterpflanze nach dem nächsten Pflegedurchgang eventuell wieder weg. Auch die Nachbarn müssen möglicherweise überzeugt werden. Es herrschen viele Vorurteile, wie zum Beispiel über einwohnendes Ungeziefer oder die Zerstörung des Putzes, die vorab aus dem Wege geräumt werden sollten. Fassaden mit rissigem Putz sollten nur mit Kletterern bepflanzt werden, die an Seilen oder Rankgittern emporklimmen und nicht in Ritzen und Spalten eindringen. Geeignet sind Clematis- oder Lonicera-Sorten.

Karen Thormeyer

Abends verströmt das Geißblatt einen wohlriechenden Geruch.

Kahle Mauern waren gestern – lebende Wände wachsen heute

Eine Koryphäe auf dem Gebiet des vertikalen Gärtnerns – oder „mur végétal“, wie man in der Muttersprache des Botanikers und Künstlers zu sagen pflegt – ist Patrick Blanc. Weltweit hat er inzwischen Projekte installiert, die Hauswände schöner und faszinierender machen. Auch in Berlin kann man seine Kunst bewundern.

Vertikaler Garten von Blanc im Dussmann-Haus

Als die Gruppe Galeries Lafayette für die Fassade ihres Kaufhauses an der Friedrichstraße nach der einstigen medialen nun eine Gestaltung plante, die den Kriterien der Ökologie sowie Nachhaltigkeit entsprach und zudem auch noch einmalig in Berlin sein sollte, stieß Architekt Jean Nouvel auf Patrick Blanc, dessen Arbeiten ihm bereits Mitte der 1990er Jahre auffielen und begeisterten. So kam es, dass im Jahre 2008 die Galeries Lafayette durch eine Fassade der Extraklasse eine lebende Wand erhielt.

Zwanzig Jahre hat die Perfektionierung des Systems gedauert, bis Blanc die Patentschrift „Verfahren zur Kultivierung von Pflanzen ohne Substrat auf vertikalen Flächen“ veröffentlichte. Angefangen zu keimen hatte der Gedanke bereits im Jugendalter, als er mit den Pflanzen der Eltern im Wohnzimmer experimentierte und ein besonderes Interesse für solche Gewächse entwickelte, die an außergewöhnlichen Bereichen leben. Er entwickelte eine Methode, die – ähnlich der Hydrokultur – ganz ohne Erde funktioniert.

Und er überarbeitet seine Idee fortwährend: Derzeit befindet Blanc sich auf der Suche nach umweltverträglicheren Materialien für die Konstruktion. Bisher besteht der unsichtbare Unterbau aus PVC-Hartschaumplatten, deren Gebrauch Blanc gern aus ökologischen Gründen einstellen würde. Daher experimentiert er in Japan mit einem neuen Produkt aus Recycling-Material, das eine wesentlich bessere Ökobilanz aufweist.

Seit Januar 2012 gibt es in Berlin eine zweite Grüne Wand von Patrik Blanc: Im Dussmann-Haus begrünte er eine 18 Meter hohe Wand mit 157 Pflanzenarten.

Carolin Blenn

Gärtnern auf eigener Scholle

Kleingärten sind ein widersprüchliches Phänomen. Auf der einen Seite erlauben sie es, Straßenschluchten gegen ein paar Stunden in der Natur einzutauschen. Andererseits unterwerfen sich Kleingärtner strengen Vereinssatzungen. Abschrecken lässt sich davon kaum jemand, Kleingärten boomen. Mit dem Generationswechsel werden die Kleingärtner jünger und betuchter. In Berlin besitzen von einhundert Einwohnern zwei ein solches Refugium. Einfacher haben es da jene Berliner, deren eigene Scholle sich gleich hinter dem Eigenheim befindet.

Gärtnern im Naturkreislauf

Autorin:
Kristina Ciaglia ist Gartenfachberaterin in einer Berliner Kleingartenanlage

Als ich meinen zukünftigen Kleingarten das erste Mal sah, lag er sattgrün und duftend in der Juni-Sonne. Goldenes Stroh glänzte unter den Baumscheiben der alten Apfelbäume und auf den Gemüsebeeten. Quakte da ein Frosch in einem der beiden Teiche? Welcher Duft erreichte da meine Nase? Der der weißen Hundsrosenblüte mit den vielen fleißigen Bienen darin oder der des dunkelvioletten Lavendels? Mein Blick fiel auf die Johannis- und Himbeersträucher, deren Früchte sich schon appetitlich rot färbten und meinem Gaumen schmeicheln wollten. Da war auch der knorrige Fliederbusch, der jedem Zen-Kloster zur Ehre gereicht hätte. Innerhalb weniger Minuten hatte ich mich entschieden, genau diesen Kleingarten jetzt sofort zu pachten. Schnell wurden die Vorpächterin und ich uns einig.

Der Garten ist mit seinem Strohmulch (den hole ich vom Pferdehof) auf allen Beeten schon etwas Besonderes. Das fanden auch die Nachbarn, die vehement dagegen waren: Das Stroh fliegt doch in unsere Gärten! Flog es aber nicht, denn sobald es auf der Erde liegt, wird es feucht und damit schwerer. In den extrem heißen Jahren bietet Stroh Verdunstungsschutz, spart Gießwasser (weniger Geld) und Kraft, denn es lässt weniger „Unkraut“ durch (weniger Arbeit). Unter dem Stroh ist die Erde angenehm feucht, was Regenwürmer anlockt, die sich wohlfühlen und nebenbei die Erde verbessern.

Stroh macht sich nicht nur auf dem Erdbeerfeld gut. Aber Achtung – vorher die Ähren raussuchen, wenn man im August nicht in einem Kornfeld stehen will. Das Stroh auf den Beeten kann 15–20 cm hoch liegen. Ein bis zwei Mal im Jahr sollte es erneuert werden.

Die Johannisbeeren und Hagebutten sind schön geschwungen gepflanzt und exakt in Nord-Süd-Richtung – als sogenannte „Sonnenfallen“. Hundsrosen und Stauden haben unzählige, ungefüllte Blüten, so kommen alle Bienen und Nutzinsekten gut an den Nektar und bestäuben gleich alle weiteren Baumblüten. Auf der Kräuterspirale breiten sich Zitronen- und Orangenthymian, roter Salbei, Ysop, Melisse und mehr aus. Aus Johanniskrautblüten – in gutes Öl gelegt und in die Sonne gestellt – wird leuchtend rotes Öl, das bei Sonnenbrand oder Verbrennungen schnell hilft. Zur Kräuterspirale

Im kleinen Teich, der zur Kräuterspirale gehört, leben im Sommer Molche und Frösche.

Meine Empfehlung:
Ahornblatt GmbH
55001 Mainz
www.ahornblatt-Garten.de
V.E.R.N.
Verein zur Rekultivierung alter Nutzpflanzen
www.vern.de
Gartenarbeitsschule Pankow, Galenusstr. 51
13 187 Berlin
(Tomaten und Kartoffeln aus eigener Zucht)

gehört auch der kleine Teich daneben, in dem sich ab dem Frühjahr kleine, gelbbäuchige Molche tummeln. Mit ihren gezackten Schwänzen erinnern sie an Urechsen.

Manchmal brauche ich schon Hilfe, z. B. beim Umsetzen des Komposthaufens, auf dem alle Obst- und Gemüseabfälle, sogar der Kaffeesatz von zu Hause landen, ebenso wie der getrocknete Rasenschnitt. Es ist schon ein sehr erhebendes Gefühl, nach langem „Füttern" des Komposthaufens mit guten Rohstoffen aus Haushalt und Garten endlich die dunkle, duftende Erde in der Hand zu haben! Feinkrümelig, voller Humus für die neuen Beete! Ein wohliges Gefühl gelungenen Stoffkreislaufes breitet sich im Herz der Kleingärtnerin aus!

Seit dem letzten Jahr ziert ein großes Hochbeet meinen Garten. Auch dabei habe ich beste Hilfe erhalten. Es wurde mit Unmengen von bis zu zwei Jahren gesammeltem Stauden- und Heckenschnitt sowie Kompost vom nahe gelegenen Kinderbauernhof gefüllt. Die Bauern waren froh, dass Kompost und Mist gegen eine Spende abgeholt wurden. Die Bretter sind altes Bauholz und wurden auf Nachfrage von den Bauarbeitern abgegeben. Wieder ein gelungener, nachhaltiger Stoffkreislauf.

Zu meinem Garten – der nach Grundsätzen der Permakultur gestaltet wird – gehören zwei schöne „Sonnenfallen", einmal durch Johannisbeerhecken gebildet, das andere Mal mit Berberitzen, Mahonie und duftenden Hundsrosen. Ferner eine Kräuterspirale mit dazugehörigem kleinen Teich. Der größere Teich ist voller Lilien und Blutweiderich, drolligen Molchen und mittlerweile zwei Fröschen. Es gibt einen Steinhaufen, Trockensteinmauern und Totholzhaufen als Nützlingsbiotope. Der Garten hat zwei Komposthaufen, eine Humustoilette und vier Zisternen á 250 Litern.

Bevorzugt baue ich Obst, Gemüse, Kräuter und Zierpflanzen alter Sorten und Züchtungen an. Aus meinen extra angesiedelten Brennnesseln lasse ich regelmäßig im Sommer Jauche entstehen. Die decke ich besser demnächst mit Steinmehl ab. Trotzdem: Brennnesseljauche bietet sich bestens als Pflanzenstärkungsmittel und zur Blattlausabwehr an, ganz ohne Chemie.

Buchtipp:
„Vögel füttern, aber richtig", P. Berthold, G. Mohr, Kosmos-Verlag

Bei manchem Nachbarn sehe ich immer wieder, dass der Garten im Herbst „besenrein" gemacht wird. Welche Verschwendung von Zeit und Ressourcen! Die Samenstände von Stauden bilden wichtige Futterquellen für unsere Vögel im Winter. Die Herbstblätter können als Mulch auf den Beeten (nicht auf dem Rasen!) bleiben, schützen im Winter den Boden und vermehren die Bodenlebewesen. Die trockenen Laubanhäufungen in den Ecken lassen Marienkäfer und Ohrenkneifer überwintern. Zur Bodenverbesserung bringe ich Algenkalk auf Beete und Rasen auf – da freuen sich die Regenwürmer und vermehren sich. Allerdings sollte man nur drei Jahre mit diesem Kalk arbeiten, weil sich sonst auch die Nacktschnecken vermehren – ab dem vierten Jahr nimmt man Dolomitenkalk.

Der Besuch kann kommen…

Apropos Nacktschnecken! Ich habe bei Unterhaltungen mit Kleingärtnern von den abenteuerlichsten Tötungsmethoden gehört. Zugegeben, ich kenne niedlichere Tiere, aber Töten im Garten sollte sich mittlerweile von selbst verbieten. Ich habe in den ersten Jahren 70 bis 100 Nacktschnecken pro Tag (!) abgesammelt und weit weg vom Garten ausgesetzt. Aber, eine Schnecke, deren Population vernichtet wird, legt dann pro Tag bis zu 200 Eier usw., usf. Mittlerweile betrachte ich die Tierchen mit schamanischer Herangehensweise, ich rede mit ihnen, füttere sie und habe Verabredungen.

An einem sonnigen Januartag macht es Spaß, die Apfelbäume zu beschneiden und die schnellwüchsige Hecke auf geforderte „Normhöhe" zu trimmen. Mit dem Grubber schon mal die Erde auflockern, damit im Winter nicht so viele Nährstoffe ausgewaschen werden, Samen für Hoch- und Frühbeet raussuchen, einen kleinen Beeteplan anlegen …

Der Frühling kann kommen und ein neuer Kreislauf beginnt. *Kristina Ciaglia*

Buchtipp:
„Schneckenflüstern statt Schneckenkorn", Hans-Peter Posavac, Verlag „Neue Erde"

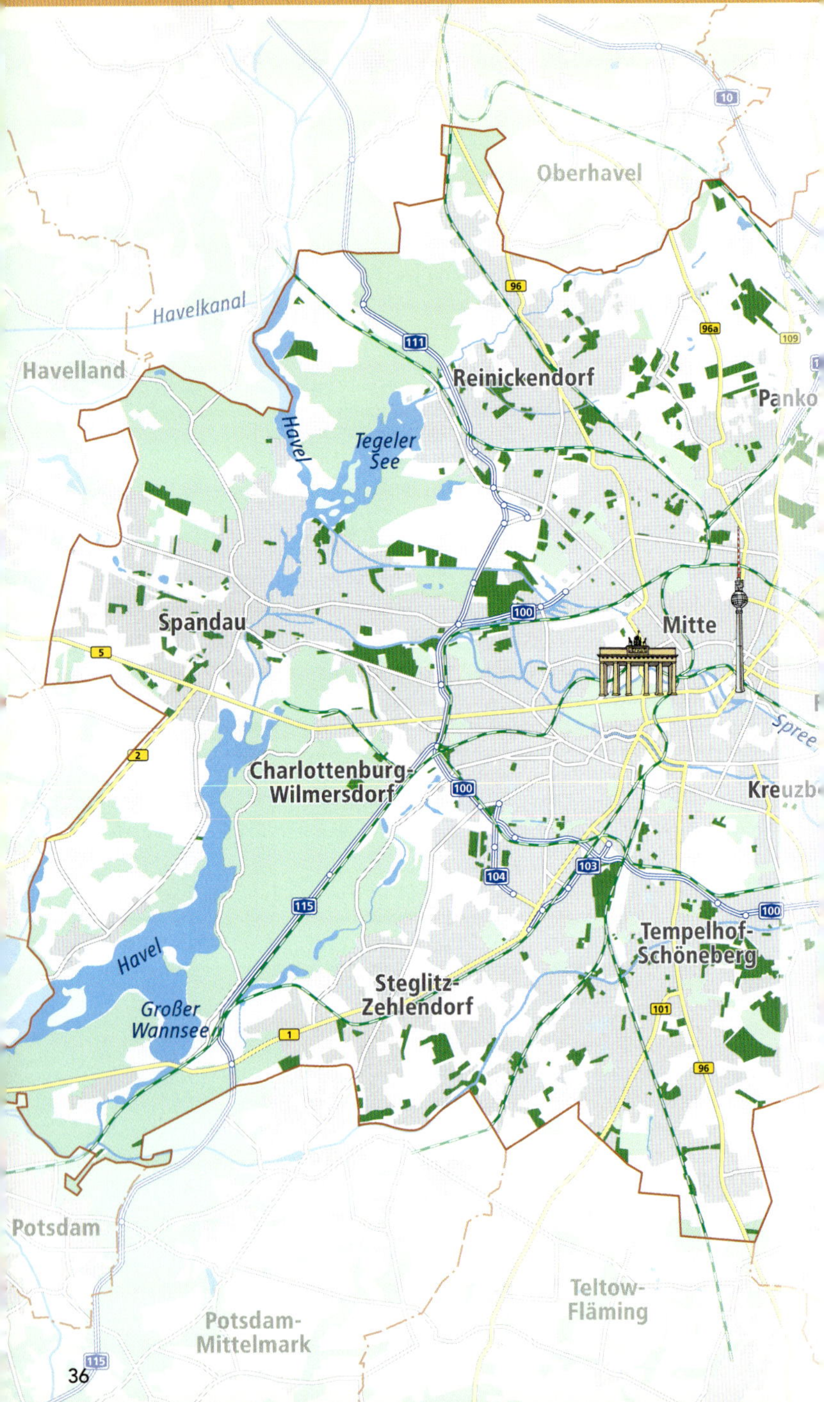
Oberhavel
Havelkanal
Havelland
Reinickendorf
Pankow
Havel
Tegeler See
Spandau
Mitte
Spree
Charlottenburg-Wilmersdorf
Kreuzb
Tempelhof-Schöneberg
Havel
Großer Wannsee
Steglitz-Zehlendorf
Potsdam
Teltow-Fläming
Potsdam-Mittelmark
10
96
96a
109
111
100
5
2
100
104
103
100
115
1
101
96
115

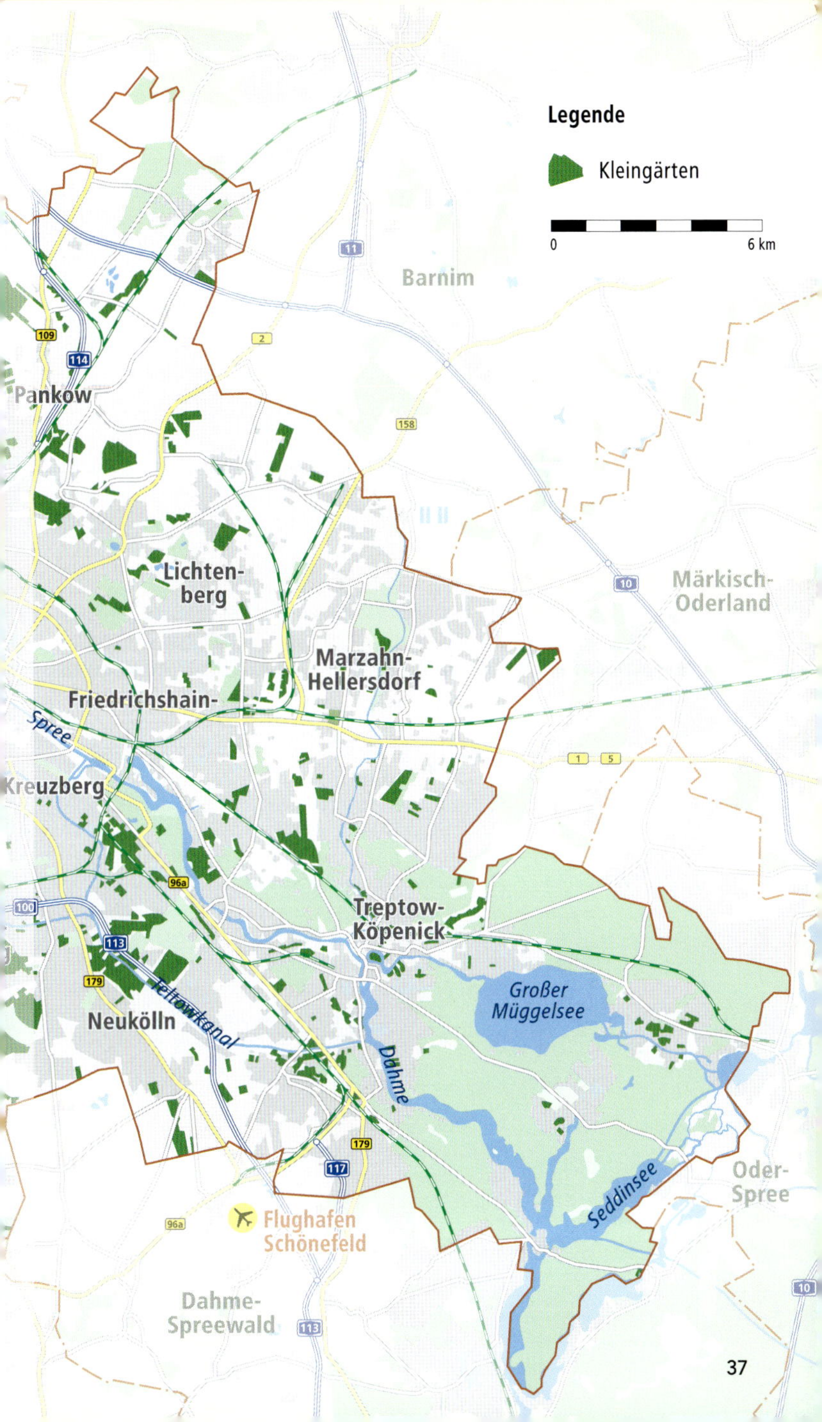
Legende
Kleingärten
0
6 km
Barnim
Pankow
Lichten-
berg
Marzahn-
Hellersdorf
Friedrichshain-
Kreuzberg
Spree
Märkisch-
Oderland
Treptow-
Köpenick
Großer
Müggelsee
Neukölln
Teltowkanal
Dahme
Seddinsee
Oder-
Spree
Flughafen
Schönefeld
Dahme-
Spreewald
109
114
11
2
158
10
1
5
96a
100
113
179
117

Nicht wegzudenken: Kleingärten in Berlin

Mein innerstädtischer Kurzspaziergang führt mich fast immer an Michaels Kleingarten entlang. Mit dieser Nachbarschaft genieße ich ein seltenes Glück. Wir befinden uns im Bülowbo-

Kohlkulturen unterm Vogelschutznetz in Hans' Garten in der POG Gleisdreieck

gen, am Rande des neuen Parks auf dem Gleisdreieck. Nur einen Steinwurf weit weg von der Kreuzung Bülowstraße/Potsdamer Straße. Michaels Laubenpieperkolonie „Bahnlandwirtschaft Potsdamer Güterbahnhof" (kurz POG) liegt direkt unter der U-Bahn U 2, die hier als Hochbahn über einer der beiden letzten Kreuzberger Laubenpieperkolonien donnert. Erst seit dem Frühjahr 2011 ist klar, dass diese Kleingartenkolonie erhalten bleiben und in den künftigen Park auf dem Gleisdreieck integriert werden soll. Über 30 Jahre langen Bürgerbemühungen für den Erhalt dieser Kleingärten wurde schließlich stattgegeben.

Michaels Garten ist nicht groß, aber eine Augenweide. Ein Hort der natürlichen Vielfalt. Im Frühsommer prangt eine unglaubliche Fülle von rosa, roten und gelben Rosen in allen Höhen und Formen hinter der Hecke. Durch den Maschendrahtzaun an der Ostseite des Gartens bestaune ich verschiedene Tomatenpflanzen, Zucchini, Gurken, Kohlsorten und wuchernde Kürbisse. Seine Tomaten, erklärt mir Michael, zieht er in seinem kleinen Glashaus vor und pflanzt sie erst nach den Eisheiligen aus. Strauchtomaten, Fleischtomaten und gelbe, längliche und viel tragende Winzlinge. So viele hat er, dass er gerne auch davon abgibt oder gegen anderes eintauscht. Einer seiner Nachbarn, ein Lehrer aus dem ehemaligen Jugoslawien, ist zum Beispiel auf Paprika spezialisiert. Er hat in seinem Garten zig verschiedene Sorten Paprikapflänzchen, von denen er ebenfalls gerne welche verschenkt. Im Sommer, erklärt mir Michael stolz, ernähren er und seine Frau sich fast nur noch aus ihrem Garten von Salat, Zucchini, Kartoffeln, Gurken, Kohl und Kräutern. So ist verständlich, dass es ihn nach der Arbeit gleich als erstes in seinen Garten zieht.

Die meisten Kleingärten gibt es in Treptow-Köpenick, gefolgt von Charlottenburg-Wilmersdorf; die wenigsten im Bezirk Friedrichshain-Kreuzberg.

Interessierten Besuchern zeigt Michael gern auch seine Landschildkröten, die ihn seit über 50 Jahren begleiten. Wenn sie im Herbst beginnen, sich einzugraben, weiß er, dass die Saison wieder einmal vorbei ist. Als Wasserverantwortlicher der Kolonie muss er dafür sorgen, dass alle Wasserleitungen vor dem ersten Frost abgeschaltet werden. In manchen Fällen muss sogar der Zähler mit ausgebaut werden. Danach verfällt die Gartenkolonie nach einem kurzen herbstlichen Farbenrausch in den Winterschlaf. Nun kann die neugierige Spaziergängerin hinter den durchsichtig werdenden Hecken die unglaubliche Recyclingkunst der Kleingärtner bewundern. Nichts, was sich nicht wiederverwenden ließe! An manchen Ecken sieht es etwas wüst aus. Sichtbar wird, dass viele Kleingärtner wenig Geld verdienen: eine Fantasie anregende Wildheit! Kreuzberg eben. Eine Kleingartenkolonie, die deshalb nun auch von Berliner Künstlern für ihre Events entdeckt wurde.

Auf dem Berliner Stadtgebiet gab es 2010 74.094 Kleingärten in 932 Anlagen. Das sind 3.046 ha Gesamtfläche, bzw. 3,5 % des Stadtareals.

Die würdige Schildkrötendame Helene in einer Kleingartenanlage in Lichterfelde genießt seit über 60 Jahren das Vorrecht, sich am Fuße eines großen Baumes selbst eingraben zu können. Gärtner Herle hat jedes Jahr notiert, wann das war. Denn dann fing der Winter an. Eigent-

Das Bundeskleingartengesetz von 1983 besteht aus 23 Paragraphen. In §1 bestimmt es in zwei Punkten, was ein Kleingarten ist, und in sechs Punkten, was kein Kleingarten ist.

lich sind Waldbäume in Kleingartenanlagen nicht erlaubt. Sie könnten des Nachbarn Garten beschatten. Aber in den Kleingartenanlagen am Stadtrand ist man mit diesen Vorschriften heute nicht mehr all zu streng. Wie sollte die Schildkröte sonst überwintern? Und braucht nicht auch eine Kleingartenanlage die dritte Dimension, die Dimension hoch in den Himmel aufragender Bäume? Besteht nicht ein Bestandschutz für alte Bäume? Und sollte nicht jede Kleingartenkolonie zumindest einige „naturbelassene" Ökogärten für die Biodiversität ausweisen?

Kaulquappen

Ein weiterer Gartenfreund hat sogar einen Teich. Er wurde vor der Neufassung der Kleingartengesetzgebung 1983 gegraben. Daher ist er um einiges größer und tiefer, als es das Kleingartengesetz vorgibt. Aber gerade deshalb bietet er eine Laichmöglichkeit für die Erdkröte (Bufo bufo). Zum Laichen braucht die Kröte nämlich einen nicht zu flachen und nicht zu kleinen Teich. Die in Siggis Teich herumschwimmenden Fische machen den Kröten nichts aus. Denn ihre Larven sind für die Fische ungenießbar. Im Frühjahr schwimmen dann die kleinen schwarzen Kaulquappen lebenslustig in Herden durch den Teich und vertilgen die Algen. Erst nach zwei, drei Monaten verwandeln sie sich in winzige Kröten. In den letzten Jahren erfuhren die Erdkröten eine wachsende Wertschätzung. Denn nachts, wenn alles schläft, streifen die Kröten durch die Gärten und vertilgen neben Asseln vor allem Nacktschnecken. Einen minimalistisch aufgeräumten Garten jedoch kann die Kröte nicht vertragen. Während des Tages braucht sie ein dichtes Gebüsch oder feuchtkühle Holzstapel als Versteck.

Kleingärten helfen Wildtieren, in der Stadt zu überleben. In naturbelassenen Gärten finden Kröten am besten Unterschlupf.

Verbuschte Ecken in den Stadtgärten werden zunehmend als gut für die Natur anerkannt. Der aufgeräumte Schrebergarten, der einen Eindruck erweckte, als habe die tapfere Hausfrau zwischen den Beeten gewissermaßen gefeudelt, verschwindet zunehmend. Wichtig ist eine Ecke mit Brennnesseln. Gesundheitsbewusste Junggärtnerinnen machen im Frühjahr gerne einen

Laubenpieper mit Gleisanschluss

Rechts Autobahn, links Bahngleise, dazwischen eine Laubenpieperkolonie. Während die S-Bahn mit 80 Stundenkilometern vorbeirauscht, fragt man sich, ob man hier wohl seine Freude findet. Es scheint, die dort wehenden Flaggen haben eine größere Fläche als der Garten selbst. Doch genug des Spottes. Auf diesen Miniflächen sprießt und wächst es, wird geerntet und gegrillt. Hier haben ganz offensichtlich Berliner ihre Freude, auch wenn der „Bahnanschluss" extrem gut ist.

Kleingärten am Westhafen

Die „Eisenbahnergärten" entstanden zum Teil schon parallel zum Bau der Schienenstrecken. Die Bahngesellschaften hatten für Gleisanlagen große Flächen erworben, wobei nach der Fertigstellung der Trassen vorerst nicht genutztes Brachland übrig blieb. Eisenbahner nutzten das winzige Stück Erde, um angesichts mieser Bezahlung das Lebensnotwendigste anzubauen oder Kleinvieh zu halten. Die Not im Ersten Weltkrieg bewog den Staat, mit Rechtsvorschriften das Kleingartenwesen am Bahndamm sogar noch zu unterstützen. Seit 1920 besitzen die Eisenbahn-Gärtner eine einheitliche Interessenvertretung, heute die „Bahn-Landwirtschaft" (BLW e.V.). Der Verein ist eine soziale Einrichtung der Deutschen Bahn.

Zwischen 1945 und 1990 gerieten die Flächen im damaligen Westberlin ins Räderwerk des Kalten Krieges. Denn nach alliiertem Willen war die im Osten angesiedelte Deutsche Reichsbahn auch für den gesamten Bahnverkehr in Westberlin zuständig. Unterschiedliche Ansichten gab es jedoch zum dortigen Bahngelände. Während die DDR davon ausging, dass das gesamte Gelände – und damit auch die Kleingärten – zur Reichsbahn und damit zur DDR gehörten, besaß für den Westberliner Senat die Reichsbahn nur die Betriebsrechte, nicht aber den Anspruch auf Grundeigentum. Den Apfelbäumen und Johannisbeersträuchern war es egal, den Kleingärtnern, die längst nicht mehr nur Eisenbahner waren, auch.

Allein rund um den Berliner Funkturm, im Bereich der S-Bahnhöfe Grunewald, Heidelberger Platz und Olympiastadion gibt es 550 Kleingärten. Dort hat der Unterbezirk Charlottenburg des BLW e.V., mit 650 Mitgliedern der größte unter den zwei Dutzend in Berlin, das Sagen. Die Unterbezirke vergeben freie Parzellen. www.blw-aktuell de.

links: Admiral
rechts: Kleiner Fuchs

Salat oder ein Spinatgemüse daraus. Und gilt ein Tee aus Brennnesseln nicht sogar als „blutreinigend"? Der Gemüsegärtner hingegen liebt besonders die ätzend stinkende Jauche, die er aus den Brennnesseln herstellt. Es gibt verschiedene Rezepte. Als sehr wirksam gilt die Brennnesseljauche, die ein etwa dreiwöchiger Vergärungsprozess in einer alten Tonne ergibt. Diese Jauche gilt als ein sehr gutes Mittel gegen Blattläuse. Und sie ist zudem ein vorzüglicher Dünger für viele Pflanzen. Zudem sind Brennnesseln wichtig als Kinderstube für so manche der schönen Schmetterlinge, die zum Sommer dazugehören. Pfauenauge, Admiral und Kleiner Fuchs sind Schmetterlingsarten, die auf sonnige Brennnesselinseln angewiesen sind. Dorthin legen sie ihre Eier, dort wachsen die Raupen auf. Wenn vor dem Brennnesselgebüsch wie an einem Waldrand hohe Stauden des Dosts (also des wilden Majoran) oder aber Disteln stehen, hält sich auch der erwachsene Fuchsschwanz zum Nektarsaugen dort gerne auf.

Viele Schmetterlinge legen ihre Eier auf den Blättern der Brennnessel ab. Die geschlüpften Raupen sitzen dann gleich auf der Nahrungsquelle.

Auf dem Berliner Stadtgebiet gab es 2010 74.094 Kleingärten in 932 Anlagen. Das sind 3.046 ha Gesamtfläche, bzw. 3,5 % des Stadtareals. Kleingärten sind der Hort der Obstbäume, die im Frühjahr so wunderbar blühen und im Sommer und Herbst so anziehend voller roter Kirschen, blauer Pflaumen und goldgelber Birnen und Äpfel hängen. In vielen Fällen sind Kleingartenanlagen Teile öffentlicher Grünanlagen wie etwa im Grunewald, in den Rehbergen, am Schöneberger Volkspark und am Volkspark Prenzlauer Berg. Sie wurden oft ehemals größeren öffentlichen Grünanlagen abgezwackt, gehören zu den Grünanlagen integral dazu und ihre Wege müssen daher so beschaffen sein, dass ihrer Durchwanderung im Zuge eines Parkspaziergangs nichts entgegensteht. Tagsüber, solange es Tageslicht gibt, müssen die Tore der Koloniegärten Besuchern daher offenstehen. Übrigens: Die älteste Berliner Dauerkleingartenanlage befindet sich am Rand des Volksparks Rehberge. Sie wurde in der zweiten Hälfte der 1920er Jahre angelegt. Sie ist noch heute eine Musteranlage mit sehr detaillierten Vorschriften für Bebauung und Nutzung. Hier wird das Bundeskleingartengesetz – niedrige Hecken, keine Waldbäume – buchstabengetreu angewandt.

Tagsüber sollen alle Kleingartenanlagen für Spaziergänger geöffnet sein. Defacto sind 84 % der Kolonien in Deutschland öffentlich zugänglich.

Überhaupt gibt es im Wedding, dem Norden des Bezirks Mitte, ganze Rundwanderwege durch die Gartenkolonien. In den Kleingärten entlang des Spaziergangs stehen noch viele wunderschöne Hochstamm-Obstbäume, die heute in Berlin nicht mehr gepflanzt werden sollen. Birnbäume ragen mit der zackigen Form ihrer Äste in einen blauen Altweibersommerhimmel. An den Zäunen hängen Beutel mit überzähligen Äpfeln. Wann gab es eigentlich zuletzt einmal „Himmel und Erde“ zu essen? Zum klassischen Kleingarten gehört eine kleine Streuobstwiese als ein Rasenstück, auf dem die Kinder toben können.

Nachdem die Kleingärten in Kriegs- und Krisenzeiten der Ernährungssicherung galten, wurden sie inzwischen zum Kinder- und Wochenendparadies und Hort der Biodiversität. Gerade heute entdecken in der Stadt lebende junge Leute mit kleinen Kindern die Vorzüge

des Lebens in der Laubenkolonie. „Generationswechsel im Schrebergarten" titelte eine Zeitschrift schon vor einigen Jahren. Sein Image als spießiges Kleinbürgeridyll hat der Koloniegarten abgestreift.

Die in der großen Nachkriegsnot des Ersten Weltkriegs gegründete Kolonie Württemberg am Olivaer Platz war zuletzt eine Kolonie von Juppies, die sich freuten, nach anstrengendem Arbeitstag hier ihre Kinder laufen lassen zu können. Zierliche ältere Damen führten ihre brav an der Leine laufenden Hündchen durch das frühlingsgemäße Obstblütenmeer oder die überbordend bunte Sommeridylle. Aber dann kam die sogenannte Finanznot der Kommunen

Oma Tillert war über 60 Jahre lang eine soziale Institution in den Kleingärten auf dem Gleisdreieck. Ihr Gemüse kam immer.

und das Grundstück wurde an einen Investor verkauft. Die alten Leute wurden um ihren wohnungsnahen, „fußläufig erreichbaren" (wie das Planerdeutsch so schön grässlich sagt) Grünspaziergang gebracht, die jungen um die Möglichkeit einer vergleichsweise stressfreien Kindererziehung. Haben die Politiker und Stadtplaner vergessen, dass ein Kleingarten in Wohnungsnähe liegen sollte? Landgrabbing home made.

Die Beliebtheit der Schrebergärten stieg in dem Maße, wie sie zu Pflanzengift-freien Zonen wurden. Zwar schreibt das Land Berlin den Schrebergärtnern keinen „Bioanbau" vor, wohl aber den „integrierten Pflanzenschutz". Kunstdünger wie Blaukorn darf nur in Maßen benutzt werden, da er einen zu hohen Phosphorgehalt im Boden bewirkt. Aber chemische Mittel, Herbizide und Fungizide dürfen nur noch nach Absprache mit dem Pflanzenschutzamt verwandt werden. Gezieltes Kompostieren und Düngen durch selbst erzeugten Kompost ist in Kleingärten die Regel. Schon aus Gründen der Sparsamkeit.

Für solch einen prächtigen Kohl braucht der Kleingärtner einen sonnigen Standort und einen lehm- und nährstoffhaltigen Boden und ein bisschen Kompost.

Zwar waren Kleingärtner, die Gemüse ziehen, im Westen Berlins zeitweilig zu einer Art Minderheit geworden. Aber heute ist da ein deutlicher Wandel festzustellen. Kleingärtner, die Gemüse anbauen, „wissen, was sie haben". Sie freut das besondere Aroma des Selbstgezogenen, was bei reiner Kompostdüngung besonders ausgeprägt ist. Das heißt nicht, dass der Gemüseanbau im Kleingarten einfach wäre. Kohlpflanzen etwa brauchen als „Starkzehrer" einen sehr guten Boden, Mohrrüben (Wurzeln) werden leicht Opfer aller möglichen Schädlinge im Boden. Guter Gartenboden fällt nicht vom Himmel. Es gehört viel Wissen vom richtigen Kompostieren dazu und mehrjähriges geduldiges Verbessern der Erde, bis ein Beet den richtigen Humusgehalt aufweist. Der unschätzbare Beitrag der Gärten in den Städten für den Erhalt der Biodiversität wird zunehmend anerkannt. In Zeiten des bereits stattfindenden Klimawandels leisten Gartenkolonien außerdem einen wichtigen Beitrag zum Erhalt eines erträglichen Mikroklimas.

Beim Verkauf des Kleingartens spielt das Alter der Laube eine Rolle und, ob sie aus Stein oder Holz ist. In die Bewertung für die Abstandszahlung geht außerdem der Pflanzenbestand des Gartens ein.

Biotope zu erhalten, ist eine harte Anforderung an die Berliner Kleingärtner, da ihre Gärten seit 1983 nicht größer als 400 m² sein sollen und oft auch nur noch 200 oder 250 Quadratmeter haben. In den 1980er Jahren wurden die Kleingärten oft geteilt, um möglichst viele Berliner an den Gartenfreuden teilhaben zu lassen. Aber unsere großstädtischen Marder, Füchse, Igel und Falken, die unsere Gärten und Parks auf „biologische Art und Weise" auch von allzu viel Wühlmäusen freihalten könnten, brauchten sie nicht eventuell schon heute größere und mehr Kleingärten?

Trinkzwang gibt es seit 1919 in Vereinslokalen der Kleingartensparten nicht mehr. Heute gelten sie eher als Treffpunkt und Nachrichtenbörse.

Zentrale Verwaltung für den Berliner Landesverband der Gartenfreunde
Spandauer Damm 274
14052 Berlin
U-Bahn Ruhleben.

Aber seit den 1960er Jahren frisst eine immer größer werdende Bauindustrie die Flächen der Berliner Kleingärtner weg. Jahrzehntelang waren Kleingartenanlagen in den Flächennutzungsplänen und bezirklichen Bebauungsplänen nicht als Grünflächen ausgewiesen. Erst seit 1984 wurden die größeren Kleingartenanlagen in den Außenbereichen im Flächennutzungsplan als grüne Erholungsflächen verzeichnet. Trotz ständigen Einsatzes der Berliner Kleingärtner waren auch im Entwurf zum Flächennutzungsplan 1987 Kleingartenanlagen von unter 3 Hektar Größe nicht als Grünflächen erkenntlich. Zu einer Protestdemonstration vor dem Schöneberger Rathaus kamen am 5. September 1987 über 30.000 Laubenpieper. „An meinen Spinat kommt kein Senat!“, war auf einem der Protestschilder zu lesen.

Schließlich kam es 1994 zu einer Art historisch zu nennenden Kompromiss. Im gültigen Flächennutzungsplan sind 85 % der Berliner Kleingärten nunmehr als Dauerkleingärten anerkannt – nachdem sie nahezu 100 Jahre als „Zwischennutzer“ auf Bauerwartungsland geführt worden waren. 15 % der Kleingärten allerdings sollten früher oder später doch noch Bauvorhaben geopfert werden. Und zwar vor allem jene im inneren S-Bahnring, obwohl dort die Nachfrage nach Kleingärten am höchsten ist. Anfang 2011 waren tatsächlich nur noch 2,9 % der Fläche Berlins mit Kleingärten bedeckt. 2011 scheiterten schließlich sogar Koalitionsverhandlungen an der Frage, ob eine neue Autobahn durch Kleingartenland gebaut werden sollte.

Die große Beliebtheit der Kleingärten führt bereits zu einer gewissen „Gentrifizierung“ der Kleingartenkolonien. Der Wert der Gartenlauben ist heute so hoch, dass weniger Betuchte kaum noch die geforderten Abstandsgelder aufbringen können. Sie liegen bei der Übernahme einer Parzelle heute kaum unter 4.000 Euro.

Der Weg zum Berliner Kleingarten

Und wie kommt der Berliner oder die Berlinerin an einen Kleingarten? Am besten wird man Mitglied im „Verband der Gartenfreunde“. Mit der Mitgliedschaft erwirbt man die Anwartschaft auf eine Parzelle, sobald eine frei wird, und man erhält von Stund an den „Gartenfreund“, die Monatsschrift der Kleingartenverbände, dessen Innenteil aus dem Leben der Berliner Kolonien berichtet. Es empfiehlt sich, den Stadtplan zu studieren, um herauszufinden, welche Gartenkolonie sich in erträglicher Entfernung von der eigenen Wohnung findet, um sich dort gezielt auf die Warteliste setzen zu lassen. Wenn man weiter draußen wohnt, außerhalb des S-Bahn-Rings, sollten die Chancen, dass man bald zu einem Kleingarten kommt, relativ hoch sein.

„Das bunte Grün – Kleingärten in Berlin“
Bestell-Infos auf S. 152

Gartenanlagen entlang der Bahnstrecken werden über den Verband „Bahnlandwirtschaft“ verwaltet, mit eigener Zeitschrift namens „Eisenbahn-Landwirt“. Im Osten Berlins hat sich zudem der Verband der Kleingärtner, Siedler und Grundstücksnutzer e.V. gehalten, der uns auch via Name daran erinnert, dass die Gartenstadtbewegung und die soziale Bewegung für Subsistenz-Siedlungen im frühen 20. Jahrhundert mit dem aufkommenden Kleingartenwesen eng verschwistert war. Die dazu gehörige Zeitschrift heißt der „Verbandsbote“.
Elisabeth Meyer-Renschhausen

Von illegal bis ganz legal: die Geschichte der Kleingärten

Wer im alten Berlin keinen Hausgarten hatte, war buchstäblich arm dran. Das waren zum Beispiel jene Bewohner der Spandauer Vorstadt, deren Not Bettina von Arnim in ihrem Buch „Dies Buch gehört dem König" beschrieb. Damals geschah das wilde Gärtnern aus purer Not. In den 1830/1840er Jahren waren viele ehemalige Landbewohner in die Hauptstadt Preußens gekommen. Infolge der sogenannten Bauernbefreiung hatten die unterbäuerlichen Schichten ihre Ernährungsgrundlage verloren. Mit dem Einhegen der Allmenden, also der Privatisierung der bisherigen Gemeindewiesen und -weiden, hatten Halbbauern und Häuslerinnen keine Möglichkeit mehr, Vieh zu halten. Ohne Ziegen und Holzsammelrechte konnte sich keine noch so bescheiden lebende Witwe ernähren. Die Armen zogen in die Stadt: der Beginn der sogenannten Landflucht. Und da sie dort keineswegs auf Anhieb eine auskömmliche Anstellung noch eine Bleibe fanden, halfen sie sich selbst. Auch die ungeregelte Spekulation mit Baugrund sowie rücksichtlose Mieterhöhungen hatten unzählige Geringverdiener und Arme um ihren Wohnraum gebracht.

An den Außengefilden Berlins entstanden Bretterbudensiedlungen, umringt von kleinen, sorgfältig bestellten Gemüsegärten. Diese wilden Pflanzgärten waren vielleicht die ersten „Guerilla Gardens" in Berlin, sie dienten der Selbstversorgung, der Subsistenz. Die Armen siedelten sich ab 1872 vor allem auf dem Tempelhofer Feld an. Selbst gezimmerte Buden aus Altholz mit Wegen dazwischen, vor oder in den Hütten ein selbst gemauerter Herd, und das Ganze umgeben von einem Gemüsegarten. Damals entstanden überall rings um die Innenstadt Berlins derartige Spontansiedlungen. Die wenigsten der Neuberliner hatten auskömmliche Beschäftigungen. Deshalb okkupierten sie Brachen als Grabeland und schufen wilde Laubenkolonien, lange bevor diese Art der Selbsthilfe in ein geregeltes Kleingartenwesen überführt wurde.

Erst ein jahrzehntelanges Engagement unzähliger Sozial-, Boden- und Lebensreformer machte die Kleingartenbewegung vor dem Ersten Weltkrieg möglich. Sozialreformer wie Paul Singer, Alwin Bielefeldt oder Hedwig Heyl setzten sich in Berlin für die ersten Kleingärten zum Wohle von Arbeitern und Arbeiterinnen ein. Denn ein spekulatives Generalpächterwesen machte den Subsistenzgärtnern durch überraschendes Kündigen (um die Pacht hochsetzen zu können) oder Trinkzwang (in der zur Kolonie dazugehörenden Destille) das Leben schwer.

Um die Gartenkolonien von diesem Generalpächterunwesen zu befreien, entstanden vor etwa 100 Jahren die Kleingartenverbände. Am 9. Februar 1901 taten sich die Kolonievereine zur „Vereinigung

„Berliner Laubenpieper" von Hans Baluschek (1929)

sämtlicher Pflanzervereine Berlins und Umgebung" zusammen, um sich gemeinsam wehren zu können. 1911 wurde daraus der „Verband der Laubenkolonisten in Berlin und Umgebung". 1915 schloss sich der letztere nunmehr quer durch alle politischen Schattierungen hinweg reichende Verband sowohl mit dem Vaterländischen Frauenverband Charlottenburg als auch mit den Arbeitergärten des Volksheilstättenvereins vom Roten Kreuz zu einem „Kriegsausschuss der Groß-Berliner Laubenkolonien" zusammen. Gemeinsam beantragte man, brachliegende Ländereien Bedürftigen zum Kartoffelanbau zur Verfügung zu stellen. Die Zahl der Berliner Kleingärten verdoppelte sich. Gartenanlagen, die heute dem Mammon geopfert werden, wie die Gartenkolonie Durlach in Wilmersdorf, entstanden damals 1915, um Kriegerfrauen, Kriegerwitwen und anderen Arbeitslosen den Gemüseanbau zu ermöglichen.

Die Not des Krieges und die sozialen Anliegen der Novemberrevolution führte zu einem Rechtsanspruch auf einen Kleingarten, für jeden, der einen solchen benötigte und beantragte. Das neue Kleingartengesetz, die „Kleingarten- und Kleinpachtlandverordnung" der Weimarer Republik vom 31. Juli 1919, ermöglichte eine europaweit fast einmalige Kleingartenentwicklung. Aus den Kriegsjahren wusste man, wie sehr Gartenarbeit in ausweglos scheinenden Zeiten eine tröstende Wirkung haben kann. Zudem hatte der Gartenarchitekt Leberecht Migge ausgerechnet, dass der Bedarf einer 5-köpfigen Familie an Kartoffeln und Gemüse aus nur 400 qm Gartenland vollständig zu erwirtschaften sei. Migges Frau hatte diese Theorie in ihrem Garten in Worpswede jahrzehntelang mittels ihres Gemüsegartens belegt, samt Spalierobst an den sonnigen Hauswänden und Mauern.

Elisabeth Meyer-Renschhausen

Kleinkunst: die Gartenzwerge

Liebhaber von Gartenzwergen gibt es auch im Prenzlauer Berg.

Kleine Gartenzwerge mit den langen weißen Bärten scheinen heute Privileg der Schrebergärtner zu sein. Sie sind aber auch in Vorgärten zu entdecken.

Ein guter Ort, um sie zu studieren, ist die Kleingartenkolonie in der Kreuzberger „Bahnlandwirtschaft Potsdamer Güterbahnhof" (die POG auf dem Gleisdreieck). Im Winter, wenn der Frost einem freie Durchblicke in die Gärten gewährt, kann man sie erspähen. Und wie viele es sind! Quer durch die politischen Kulturen hinweg bevölkern die Zipfelmützen die Gärten. Beim ehemaligen Vereinsvorsitzenden bewachen die kleinen Kerle den Teich, beim heutigen Vorsitzenden tanzen sie gar auf den Tischen herum.

In einem weiteren Garten tummeln sich gar alle sieben Zwerge mit ihrem Schneewittchen auf einem Steinhaufen. In wieder anderen Gärten halten sie Laternen, bemalen Pilze oder schieben eine Schubkarre über den Rasen. Manche Wichte betätigen sich harkend oder stellen sich dem Fotografen mit ihrem Reh im Arm. Negativ fiel ein faul auf dem Rücken liegender Zwerg auf, weil er unzeitgemäß eine dicke Zigarre raucht und es so auch noch auf ein Ausstellungsplakat geschafft hatte. Aber das war in Lübeck und nicht in Berlin. Einige seiner Kollegen auf dem Gleisdreieck haben neuerdings sogar Ausgang. Sie dürfen sich außerhalb der eingehegten Gärten aufhalten. Gegenüber vom Garten des Paprikazüchters sitzen drei von ihnen am Wegesrand auf einer Böschung unter Birken. Sie gucken verträumt auf die mit einer Demonstration gegen die Atomkraft bemalte Brandwand ehemals besetzter Häuser. Sie stehen da frei, ohne Schutz und Zaun, wie lange wohl schon? Sind sie vielleicht zu hässlich, um geklaut zu werden?

Eine Weile schien es, als wären die bunten Wichtelmännlein in den Kleingärten ausgestorben. Uns war das ganz recht, galten die Gartenzwerge doch als Inkarnation des Kitsches. Nachdem das Zeitalter des Post-Histoire eine neue Verspieltheit in der Architektur zuließ, wagten sich still und leise auch die Gartenzwerge wieder hinter den Mülltonnen hervor. Dekorative Igel, Kröten oder Eulen waren ihnen vorausgegangen. Als anerkannte Symbole des Naturschutzes hatten sie ihren Weg leichter in die Einkaufstaschen ökologisch bewusster Konsumenten gefunden. Aber dann kam die Gartenzwerge-Befreiungsfront! Von Belgien bis Frankreich befreiten Aktivisten die Rotmützen aus allzu engen Gartenquartieren und setzten sie in wilden Wäldern aus. Im Zweifelsfall ohne die Zwerge vorher gefragt zu haben. Immerhin: Die Wichtelmänner rückten damit auf in die Liga des Ambivalenten. Als Vertreter des Zwiespältigen, des Schattenbereichs gehören sie zum städtischen Leben dazu. Wie auch zu Gärten und Kleingärten, denn als Randbereiche des Urbanen, Fremdkörper der Zivilisation, wenn auch ihr ureigenes Produkt und doch zugleich Vertreter der Natur oder gar der Landwirtschaft in der Stadt, zu ihnen hat der Großstädter ein gespaltenes Gefühl.

Nach der Wende 1989 sah ich dicke, kunterbunte Gartenzwerge auf ihrem Weg von Polen nach Deutschland. Heute sollen allerdings wieder 90 % von ihnen hierzulande hergestellt werden, z.B. in Gräfenroda in Thüringen. Ursprünglich sind sie aber wohl, aus Italien kommend, wahrscheinlich über England eingewandert. Sie sind auf alle Fälle ein gesamteuropäisches Phänomen.

Die Kunsthistoriker wissen es genau. Die Zwerge aus Terrakotta, die heute die Koloniegärten der kleinen Leute bevölkern, sind Abkömmlinge herrschaftlicher Barockgärten. Im Zeitalter der absoluten Herrscher liebte man es, seine Gärten mit dekorativen Figuren aus der Welt vergessener Mythen zu verzieren. Manch Kleinwüchsiger, der bei Hofe als Weiser oder Narr geachtet, gefürchtet und bezahlt wurde, erhielt so ein eigenes Standbild. Klar, dem Barock verdanken wir auch die flötespielenden Putten, die, den Kirchen Italiens entsprungen, herrschaftliche Parks bevölkerten. Ende des 19. Jahrhunderts zeigten Nymphen und Putten in den Hausgärten standesbe-

Standesbewusster Adel verschönerte seine Gärten mit Putten – das bodenständige Volk setzt lieber auf den Gartenzwerg.

wusster Herrschaften an, dass das Bürgertum dem Adel um nichts mehr nachstehen mochte.

Zu hässlich, um geklaut zu werden.

Die Kumpel der Putten, die Gartenzwerge, überließ man dem Proletariat. Das liegt vielleicht auch an der Abstammung der Wichtelmänner. Sie haben nämlich eine werktätige Abkunft. Ihre spitz zulaufenden Mützen haben die Gartenzwerge aus den mittelalterlichen Bergwerken mitgebracht. Dort gehörten die Zipfelmützen zur zünftigen Tracht, als Antenne sozusagen und als Schutz gegen abbröckelnde Gesteinssplitter. Die rote Zipfelmütze wurde später bekanntlich das Symbol der Französischen Revolution und wanderte von dort in die Fahne oder Wappen unzähliger Staaten. Die rote Mütze zeigt also die revolutionäre Mission unserer Wichtel an und zeigt sie uns als Werktätige. Nur leider: Die kleinen Bergleute, die geschickt auch in engste Winkel kriechen konnten, waren den meisten Leuten unheimlich. Und so wurden sie gerne mit dem anderen Volk der Unterwelt in Verbindung gebracht, mit den Unterirdischen und/oder den Erdgeistern. Das fasziniert uns noch heute. Sind die Gartenzwerge gar Abkömmlinge der vom Christentum in die Unterwelt abgedrängten „heidnischen" Götterscharen? Dann wäre ihr heutiges Wiederauftauchen ja nachgerade subversiv! Sind die Gartenzwerge womöglich die geheimen guten Geister des Guerilla Gardening, dieser höchst sanften, radikal friedlichen Form von Revolution?

Kurz nach 1900 kamen in Berlin-Steglitz die Wandervögel auf. Dazu gehörte der Jugendstil, die Heimatkunde und eine neue Lust am Märchen, am Fabulieren und Phantasieren. Wandernde Ethnologen entdeckten unter entlegen lebenden Bauern Europas noch lebendige Vorstellungen von „Hausgeistern". Das gab den Produzenten von Terrakotta-Figuren in Thüringen einen gewaltigen Auftrieb. Dort war die erste einschlägige Keramikfabrik in Gräfenroda errichtet worden. Ursprünglich produzierte Heinrich Dornheim in Thüringen Rehe, Hirsche und Füchse aus Porzellan für Fensterbrett und Garten. Seine Schüler machten sich

Gräfenroda: Die Zwerge warten auf ihre Farbe.

selbstständig und gründeten reine Gartenzwergmanufakturen, die es bis heute noch gibt. Immer mehr Tonzwerge wurden entworfen, modelliert, gegossen, gebrannt und schließlich angemalt. In den 1920er Jahren ging die Zwergenproduktion in die Massenherstellung. Auch in DDR-Zeiten lief der Absatz (bevorzugt in den Westen) so gut, dass die braven Gartenzwerge-Manufakturen mit ihren 20 Beschäftigten verstaatlicht wurden. Ein anderer Thüringer, Paul Weber aus Arnstadt, holte die Wichtel in die Gebrauchsgrafik, die Werbung. Seither sieht man, von Maggi bis Mainzelmännchen, überall possierliche Zwerge. So kann man es dem Zeitgeist auch nicht verdenken, dass er schließlich dazu überging, die Zwerge mit mickeymouseähnlichen Kindergesichtern zu versehen und aus Plastik herzustellen.

Damit hatten es die wackeren Wichtelmänner bei den Vertretern der Hochkultur aber endgültig vergeigt. Ihr Schicksal schien besiegelt. Aber dann kamen Asterix und die Hobbits und der Spieltrieb des Menschen tat ein Übriges. Und schließlich kam die Gegenkultur derer, die ihrer Kritik mit ausgefallenen Symbolen Ausdruck zu verleihen versuchen. So wurden die kitschigen Gnome in den Gärten wieder heimisch.

Als Massenphänomen sind die Gartenzwerge, aus den Keramik-Manufakturen des Mittelgebirges entsprungen, wohl der ur-ostdeutsche Beitrag zur heutigen Gartenkultur. Und als alle-ernsthafte-Kunst-auf-den-Arm-nehmende Pop-Art sind die Gartenzwerge, wie eine Art Graffiti mit anderen Mitteln, eventuell gar subversiver als wir bisher dachten ... *Elisabeth Meyer-Renschhausen*

Das Paradies: die Hausgärten

Erinnern Sie sich an brennend heiße Berliner Sommertage? Und wie Sie dann von der Straße in einen Garten kamen? Welche Labsal, dies kühlende Gefächel der Blätter der Schatten spendenden Bäume! Bis zu acht Grad beträgt der Unterschied zwischen Gartengrün und baumloser Straße. Das ist kein Pappenstiel. Heute gibt es so gut wie in allen Stadtteilen Berlins gemeinsam gepflegte oder zumindest gemeinsam „bewohnte" Mehrfamilienhausgärten. Einige von ihnen sind so ansehnlich, hübsch und ökologisch klug angelegt, dass sie sicher preiswürdig wären. Andere präferieren bereits wieder den Gemüseanbau und leuchten ab Juli voller Tomaten, Zucchini und Kürbisse.

Die Leidenschaft der Berliner für ihre Gärten am Haus ist alt. Der Zeichner Daniel Chodowiecki (1726–1801) besaß so einen Hausgarten in der Friedrichstadt, dort, wo die heutigen Bewohner es nahezu ohne Baum und Strauch aushalten müssen. Er gehörte zu den Naturenthusiasten der Zeit der Französischen Revolution und war verliebt in seinen Garten. So sehr, dass er dort unter seinem schönen Birnbaum seine beiden Töchter vermählen ließ. Ein letzter Hausgarten aus jenen Zeiten hat sich an der Glinkastraße, Ecke Taubenstraße erhalten. Hinter hohen Mauern verborgen, behält er ein Stück Geheimnisvolles für sich. Ganz so wie es sich für einen Garten als Ort zwischen Natur und Kultur gehört.

Theodor Hosemann, Sonntag nachmittag bei der Familie des Künstlers

Als Berlin kurz vor dem Ersten Weltkrieg knapp 2 Millionen Einwohner hatte, hatten nur noch 5 % der Menschen innerhalb der damaligen Stadtgrenzen Hausgärten. Also zogen jene, die es sich leisten konnten, ins Umland. Architekten entdeckten ihre Chance und entwickelten Pläne für ganze Villenviertel, wie etwa im Grunewald und am Wannsee. Um die Villen entstanden in der Zeit des erneuten Gartenhypes um 1900 zahlreiche wunderschöne Hausgärten. Heute stehen viele unter Denkmalschutz.

Der Garten von Karl Foerster in Potsdam Bornim

Der wichtige Inspirator der Hausgärten jener Zeit war der Gärtner Karl Foerster (1874–1970). Sein „Garten für intelligente Faule“ zielte auf Hausgärtner ohne Zeit. Er bevorzugte Stauden und winterharte mehrjährige Pflanzen. Damit richtete er sich gegen die damals aufkommende „Ex-und-Hopp“-Mentalität im Garten-Landschaftsbau. Ihm lag daran, dass die Gärtner die Pflanzen als Lebewesen mit jeweils spezifischen Eigenarten würdigten: zweijährige Stauden wie Malven, Königskerzen, Lupinen oder Fingerhut; mehrjährige wie Gemswurz, Akelei, Tränendes Herz, Phlox oder Minzen sowie Astern. Von den Ideen der Nazis, nur noch Einheimisches zu pflanzen, hielt Foerster trotz Begeisterung für Wildpflanzen nichts.

Ideal im „Garten für intelligente Faule“: Das Tränende Herz ist eine mehrjährige Staude.

Die Landschaftsarchitektin Herta Hammerbacher (1900–1985) bevorzugte langlebige Pflanzen wie mehrjährige Stauden, Immergrünes und Gräser. Ihre Gärten gehen an den Rändern sanft in die sie umgebende Landschaft über, und sind möglichst von einer Art Waldeszaum umgeben, der Vögeln und mancherlei Getier wie etwa Igel, Fuchs und Blindschleiche Obdach bieten kann. Der Garten an der Villa Langenscheidt (gleich neben Liebermanns Garten) besaß gar ein eigenes Entenhaus.

Ganz anders ihr Zeitgenosse Landschaftsarchitekt Georg Béla Pniower. Er wollte auch wenig Verdienenden einen Garten ermöglichen und favorisier-

Der Garten von Herta Hammerbacher

te deshalb eine funktionale Gartengestaltung. Auch er selbst beschränkte sich auf einen schmalen Reihenhausgarten am Hochsitzweg in der Wald-Siedlung Onkel Tom (Argentinische Allee, Zehlendorf). Diese Reihenhausgärten wurden als eine Erweiterung der Wohnung entworfen, aus dem der Gemüseanbau verschwand.

Einige Hausgärten der vorletzten Jahrhundertwende sind heute der Öffentlichkeit zugänglich. In der Fasanenstraße (Nähe Kurfürstendamm) wurden die Gärten der Häuser Nr. 23 bis 25 im Zuge der Einrichtung des Literaturhauses in der Fasanenstraße in den 1980er Jahren wiederhergestellt, wie sie zu Ende des 19. Jahrhunderts einmal angelegt worden waren. Die Villa des heutigen Literaturhauses wurde vom Nordpolfahrer Richard Hildebrandt und seiner Frau Louise 1889 gebaut. Heute wird im Garten der Hildebrandts ein Café betrieben, vielleicht das Beste, was einem in die Jahre gekommenen Hausgarten so passieren kann.

Zweimal jährlich – im Frühjahr und im Herbst – werden durch die Initiative Offene Gärten Berlin-Brandenburg Privatgärten für Besucher geöffnet. www.offene-gaerten-berlin-umland.de

Eine besondere Veranstaltungsreihe wird von der URANIA Potsdam angeboten: „Im Garten vorgelesen" in ausgewählten Privatgärten. www.urania-potsdam.de

Künstler und ihre Gärten

Es gibt Hausgärten, die dem Publikum immer offenstehen. Diejenigen berühmter Berliner Künstler sogar ganzjährig. Der sicher berühmteste Privatgarten Berlins ist der des Malers Max Liebermann (1847–1935) am Großen Wannsee. Mit 60 Jahren entschloss sich der schon bekannte Impressionist, in der damals neuen Alsensiedlung am Wannsee, ein Grundstück zu kaufen. Das Neue in Liebermanns Stadtgarten bestand in der Wiedereinrichtung eines Gemüsegartens. Der war nämlich aus den Landschaftsgärten der Betuchten im Verlaufe des

Die Bücherei des deutschen Gartenbaus

Wenn man eine der verwunderlichsten Besonderheiten Berlins besuchen möchte, braucht man ein Schloss, ein Vorhängeschloss. Und zwar für ein Schließfach, das die Garderobe ersetzt. Tasche und Mantel nämlich gehören eingeschlossen, bevor man die einzigartige Bibliothek in der Berliner Fasanenstraße nahe des Bahnhofs Zoo betreten darf. Die Bücherei des Deutschen Gartenbaues e.V. wird von der Bibliothek der Technischen Universität verwaltet und teilweise als Freihand-Bestand geführt. Der ist im Prinzip jedermann zugänglich.

Pomologia von Johann Hermann Knoop

Die Anfänge gehen auf den großen Gartenkünstler Peter Joseph Lenné im Jahr 1822 zurück. Er gehörte zu den Begründern des ersten „Vereins zur Beförderung des Gartenbaues" mit selbstverständlich eigener Bibliothek. Heute ist die Bücherei des Deutschen Gartenbaues auf einen Bestand von etwa 56.000 Bänden gewachsen. In einem dazugehörigen kleinen Archiv werden Nachlässe und viel alte Stiche von besonderen Rosen- und Apfelzüchtungen verwaltet. Zudem sind fast alle einschlägigen Zeitschriften vorhanden, vom „Gartenfreund" der bundesdeutschen Kleingärtner bis zur „Garden History" der Internationale der Historiker der Hortikultur.

Ein räumlich abgetrennter Ruhe-Leseraum ist mit interessanten Abbildungen aus historischen Werken der Gartenbaukunst geschmückt. Einige ältere Unikate wurden gescannt und können von jedermann im Netz gelesen werden. So besonders die „Pomologische Bibliothek", eine besonders wertvolle Sammlung zu der unendlichen Vielfalt (historischer) Apfelsorten. (www.gartenbauchbuecherei.de/pomology.html.de.) Für Leser mit Beratungsbedarf empfiehlt es sich die Bibliothek an einem Dienstag oder Donnerstag (9 bis 12 Uhr) aufzusuchen, wenn der Geschäftsführer des Vereins, Frank Singhof, zu sprechen ist (Tel. 030–31476149). Mehr unter www.gartenbaubuecheri.de *Elisabeth Meyer-Renschhausen*

19. Jahrhunderts verschwunden, da man dazu neigte, englische Landschaftsparks in Miniaturformat anzulegen. So wie der Garten rings um die benachbarte Villa Langenscheidt, nur wenige Jahre früher angelegt. Aber die Liebermanns legten ihren Garten 1910 an, in der Hoch-Zeit der Gartenbegeisterung.

Als Künstler war Max Liebermann natürlich sehr hellhörig gegenüber den beschwingten Aufbruchs-Visionen der „gebildeten Jugend" seiner Zeit. So ist für die Liebermann-Familie klar, dass ein Gemüsegarten dazugehört, in dem sie allerdings nicht selbst „ackern". Das überlässt man einem Gärtner samt Gehilfinnen. Nicht nehmen lassen es sich Martha, Käthe und Max Liebermann, ihren Garten selbst zu gestalten. Nach regem Austausch mit dem Leiter der Hamburger Kunsthalle, Alfred Lichtwark, war er fertig: der regelmäßig angelegte Obst- und Gemüsegarten vor dem Haus. Wie in Bauerngärten üblich, üppig umrahmt von bunten Stauden. Inspiration waren Bauerngärten in Holland und das Goddefroysche Landhaus in der Elbmarsch bei Hamburg. Deren klassische Formen mit den von Buchsbaum und Blumen eingefassten Gemüsebeeten hatten es Liebermann angetan. Zurück zur einfachen Form und zum Gemüseanbau!

Während des Ersten Weltkriegs verwandelte sich auch die große Rasenfläche hinterm Haus in ein Gemüsefeld voller Kohlköpfe und Kartoffeln. Als nach dem Krieg Max Liebermann, allmählich 70 Jahre alt, nicht mehr allsommerlich

„Hundert Bilder könnte man hier malen."

Max Liebermann beim Kauf des Grundstückes am Wannsee

zum Malen nach Holland fahren mochte, wurde ihm sein Garten zum Refugium. Der Garten wurde zur Quelle der Inspiration und zum Zentrum einer neuen Leidenschaft! Bevorzugtes Motiv war das Birkenwäldchen. Nach 1933 wurden Haus und Grundstück am Großen Wannsee von den Nazis okkupiert, denn die Liebermanns waren Juden. Max Liebermann starb 1935. Martha Liebermann nahm sich das Leben, als sie nach Theresienstadt deportiert werden sollte. Seit 2006 ist die Liebermann-Villa als Museum für die Öffentlichkeit zugänglich und der dazugehörige Garten weitgehend nach dem Original rekonstruiert. Auch das Birkenwäldchen. Ein kleiner Kaffeebetrieb sorgt für die leiblichen Bedürfnisse.

Max-Liebermann-
Gesellschaft Berlin
Colomierstr. 3
14109 Berlin Wannsee
www.max-liebermann.de

Anders existenziell wurde der Garten für die von den Nazis mit einem Berufsverbot belegte Berliner Dada-Künstlerin Hannah Höch (1889–1978). 1939 konnte sie ein Bahnwärterhäuschen An der Wildbahn 33 in Berlin-Heiligensee erwerben, wo sie bis zu ihrem Tode lebte. Nach der Machtergreifung durch die Nazis hatte sie fast alle ihre Aufträge verloren. Eine kleine Erbschaft rettete sie bzw. das Holzhaus samt dem Grundstück von 1.000 m², das sie so kaufen konnte. Sie schuf ein wunderbar vielseitiges Gartenparadies, das sie versteckte, versorgte und tröstete. Einkommenslos und während der NS-Zeit vollständig isoliert, ernährte sie sich und ihren Mann nahezu vollständig aus ihrem Garten. Sie rechnete mit sechs Stunden täglicher Gartenarbeit, wenn man sich daraus ernähren muss. Und so verwandelte Hannah Höch ihr Eck-

Besichtigungs-
termine kann man
vereinbaren beim
Förderverein
Künstlerhaus
Hannah Höch e.V.
An der Wildbahn 33
13503 Berlin
Tel. 030-4314824

Der Garten von Hannah Höch

Piet Mondrian und Hannah Höch im Studio von Theo van Doesburg, April 1924 – ungefähr 15 Jahre, bevor sie sich als Subsistenzgärtnerin selbst versorgen muss.

grundstück in ein von außen uneinsehbares Paradies mit Obstbäumen und Gemüsebeeten, eine „essbare Landschaft", wie man heute vielleicht sagen würde. Unter den wenigen Rasenstücken vergrub sie die Skulpturen von befreundeten Künstlern und ihre eigenen Schriften. Um Geld zu verdienen, verkaufte sie auf dem Wochenmarkt Blumensträuße und Gartenüberschüsse. So lange, bis sie einige Zeit nach Ende des Zweiten Weltkriegs endlich auch wieder mit dem Malen Geld verdienen konnte. Erst mit über 70 Jahren fand sie als Künstlerin volle Anerkennung und kam so aus ihrem Selbstversorger-Leben wieder heraus. Als sie 86 Jahre alt war, wurde ihr Schaffen durch eine Ehrenprofessur gewürdigt. Heute unterhält ein Verein den Garten der Hannah Höch. Der Maler Johannes Bauersachs konnte das Haus vom Bezirk Reinickendorf als Wohnhaus erwerben, als der es an den landeseigenen Liegenschaftsfonds geben wollte. Es wurde ausgemacht, dass Bauersachs nach entsprechender Verabredung die Öffentlichkeit auch weiterhin durch die wilde Pracht von Margeriten, Pfingstrosen, Akelei und Bartnelken führt.

Heutigen Künstlerinnen und Künstlern stehen eigene Gärten selten zur Verfügung. Sie sind daher nomadisierend unterwegs und betätigen sich als temporäre Gärtner. In einer Installation nahm die Berliner Künstlerin und Gartenaktivistin Ulrike Solbrig beispielsweise die Vielzahl Vorschriften aufs Korn, die der Preis dafür sind, dass – immerhin – Berliner Verwaltungen Gemeinschaftsgärten zulassen. In einer Installation zeigte Ulrike Solbrig Topinamburpflanzen aus dem Interkulturellen Garten „Bunte Beete" im Hof des Schulzentrums Wrangelstraße. Die Verwaltung hatte gedacht, ein Gemeinschaftsgarten bestünde aus lauter Miniparzellen von 20 oder 40 Quadratmetern und hatte – ohne Absprache – mit der Einzäunung begonnen. Aber die neuen Gemeinschaftsgärtner wollen möglichst wenig Zäune.

Die Künstler beschäftigen sich heute mit den sozialen Auswirkungen der zunehmenden Privatisierung von öffentlichem Raum oder des „Alten Wissens". In den Prinzessinnen-Gärten am Moritzplatz experimentiert eine Künstlerin aus Schweden, Asa Sonjasdotter, mit alten Kartoffelsorten. Und im Garten des Allmende-Kontors auf dem Tempelhofer Feld probiert eine andere Künstlerinnengruppe namens „Social Seeds" den Erhalt alter Gemüsearten.

Die Künstlerinnengruppe „my villages" zeigte im Rahmen der „Überlebenskunst" in Berlin im August 2011, dass man ein ganzes Festival eine Woche lang ausschließlich mit lokalen Lebensmitteln ernähren kann. Im Rahmen des Projekts „Stay Hungry" Anfang 2011 beeindruckte der Künstler Simon Wachsmuth etwa sein Publikum als depressive Biene, die von einer renditegierigen Menschheit im Stich gelassen wurde. Stundenlang hielt er es in einem engen Gewächshäuschen aus. Die finnische Künstlerin Pia Lindman überraschte das Publikum mit einer Installation aus Erde und Pflanzen, einer Art Erdbunker, der antitoxisch wirken soll. Sie macht so auf die zunehmende Vergiftung unserer Umwelt und unserer Körper und Sinne aufmerksam.

Und im Sommer 2011 wanderte eine Gruppe junger Künstlerinnen aus London und Italien (Gayle Chong Kwan, Giulia Giannola) durch die Interkulturellen Gärten Berlins und konnte in dem Büchlein „Invisible Twinning" auf eine beeindruckende Art und Weise zeigen, wie sehr Migrantinnen, die mangels ausreichenden Einkommens die eigenen Kinder kaum je besuchen können, Trost beim Gärtnern finden, wie etwa Frau Vy aus Köpenick. Da ist er wieder, der Garten als Ausflucht, Trost und Refugium. Und die Kunst als eine Art säkulares Prophetentum in gottlosen Zeiten, die die Wahrheit sagt, durch die Blume zwar, aber mit Ausweg ins Offene … *Elisabeth Meyer-Renschhausen*

Moderne Gartenkunst-Nomaden nutzen die öffentlichen Verkehrsmittel – zwei Künstlerinnen bepflanzten einen alten Tramwaggon am Alexanderplatz.

Gartenstadt
Neu-Tempelhof
Adolf-Scheidt-Platz,
12101 Berlin
www.parkringneu
tempelhof.de/

Manch heutiger Bewohner weiß nicht, dass Gartenstädte oft mit Hilfe öffentlicher Förderung zustande kamen und das öffentliche Durchwegerecht blieb. So wird der halbe „Durchweg" schon mal dreist übermalt.

Grüne Denkmale: Gartenstädte

Die meisten Hausgärten fristen ihr Dasein hinter den Häusern im Verborgenen. Bei denen in den Gartenstädten ist das anders. Die klassische Gartenstadtanlage hat wie eine Kleingartenanlage Fußwege, die tagsüber allen offen stehen. In der Gartenstadt Neutempelhof blühen in den Vorgärtchen der Reihenhäuser im Frühjahr Schneeglöckchen und Krokusse. Die Gärten hinter den Häusern hinter hohen Laubhecken tun etwas geheimnisvoller und bieten nur gelegentliche Einblicke. Holzstapel und Schubkarren, ein alter Holunder, der über den Zaun lugt, und alte Bäume, die hoch in den Himmel ragen, umsäumen meinen Pfad. Ja, ein bisschen Gemüse baue er auch noch an, erzählt mir ein alter Gärtner. Ein weiterer weiß, dass hier bis vor kurzem noch Hühner gehalten wurden.

Vom Wind bewegte Birken umsäumen kleine Plätze. Ein riesiger Walnussbaum, Obstbäume und eine echte Tanne: Die Vielfalt freut das Auge und nährt die Tierwelt. In den Büschen piepsen die Sperlinge, in den Baumkronen schmettert eine Amsel, Finken sind zu hören und Blaumeisen. In der zur klassischen Gartenstadt gehörenden runden Grünanlage gurren die wilden Tauben. Krähen halten Ausschau nach weggeworfenen Lebensmitteln. Dass die Grünanlage noch existiert und wieder gepflegt wirkt, verdanken wir der lokalen Bürgerinitiative „Parkring e.V.". Sie übernahm die Hege der Anlage und lädt im Sommer zu kostenlosen Konzerten im Grünen ein. An einer Stelle wurde ein öffentlicher kleiner Rosengarten wiederhergestellt, an einer anderen ein Senkgarten. Nicht weit entfernt davon gibt es eine Garagen-Gärtnerei. Eine Staudengärtnerin hat den zu ihrem Haus gehörenden Auto-Stall in eine Wochenend-Gärtnerei verwandelt.

Am Heimstättenweg in Steglitz frage ich eine Anwohnerin, wieviel Gartenland sie so habe. Alles zusammen sind es höchstens 350 m^2. Ich darf einmal schauen: Sie habe nur Blumen und Kräuter. Für Kartoffeln sei es zu nass, nur die Obstbäume kämen gut. Ich erspähe schöne hohe Obstbäume, gut zum Beklettern. Wo sich die Sicht über mehrere Heimstättengärten weitet, wirken die wie eine einzige Streuobstwiese. Ich entdecke Pflaumenbäume, einen Birnbaum, Kirsch- und Apfelbäume. In den Wiesen blühen bunte Krokusse und dazwischen ziehen Drosseln Regenwürmer aus der Erde. Ich soll in einem Monat wiederkommen, die Blumenpracht sei dann viel schöner!

Heimstättensiedlung
in Berlin-Steglitz
Gritzner Str./Ecke
Heimstättenweg

Besonders nach dem Ersten Weltkrieg entstanden in Berlin „Heimstätten-Siedlungen" für Selbstversorger wie die heutige Bahnhofsiedlung Erkner oder die Heimstätten-Siedlung in Steglitz.

„Jedermann Selbstversorger" rief der Landschaftsplaner Leberecht Migge 1920 seinen Zeitgenossen zu. Und rechnete den Erwerbslosen und Kinderreichen vor, wie sie sich durch überlegte Anlage eines Gartens selbst ernähren können. Für einen Erwachsenen reichten 80 bis 90 Quadratmeter Land. Im Gegensatz zu seinen Streitgenossen ahnte Migge, dass der moderne Kapitalismus fortwährend Erwerbslosigkeit produziert. Er wollte Geringverdiener absichern, Arbeiterfamilien und kleine Beamte. Mit seinem Eintreten für die städtische Selbstversorgung war Migge der radikalste Vertreter der Bewegung für Gartenstädte. Die Idee, in Gartenstädten Gemüse selbst zu ziehen, begeisterte die Menschen im frühen 20. Jahrhundert weltweit. Und verführt die Berliner bis heute zu so manchem schönen innerstädtischen Spaziergang.

Die Gartenstädte entstanden kurz vor oder nach dem Ersten Weltkrieg, um dem grassierenden Hunger in der Kriegs- und Nachkriegs-Not wenigstens etwas entgegenzusetzen. Die Kommunen förderten ihre Entstehung und achteten auf ungehinderte Wege. Die glücklichen Selbstversorger sollten Gartenglück und Vögelgezwitscher mit anderen Kiezbewohnern teilen. So haben auch jene ein Interesse am Erhalt der Gartenstädte, die dort nicht wohnen können.

Der 1931 von Ernst Seeger entworfene Storchenbrunnen in Neu-Tempelhof zeugt von der „romantischen" Kinderbegeisterung des frühen 20. Jahrhunderts.

In der jüngsten Zeit wurden einige der Berliner Gartenstädte in die Weltkulturerbe-Liste der UNESCO aufgenommen. So die Tuschkasten-Siedlung im Südosten Berlins, in Bohnsdorf. Die ersten Häuserreihen entstanden bereits 1913/1914, gebaut von einer Bau-Genossenschaft des Berliner Spar- und Bauvereins. Man beauftragte den berühmten Architekten Bruno Taut, eine

Gärten in Falkenberg im Herbst 1917

Tuschkasten-Siedlung
Treptow-Köpenick,
Ortsteil Bohnsdorf
S-Bhf Grünau

Siedlung für jedermann zu bauen. Es entstand eine bunte Reihenhaussiedlung mit großen Gärten. Bereits früh wurde diese Gartenstadt unter Denkmalschutz gestellt. Nach der Wende wurde die Siedlung von der „Berliner Bau- und Wohnungsgenossenschaft von 1892" behutsam instand gesetzt. Dabei achtete man darauf, dass ihr besonderer Charakter als ehemalige Selbstversorgersiedlung sichtbar blieb. 2002 wurden die Vorgärten am zentralen Akazienhof-Platz der Siedlung denkmalgerecht gestaltet. Schließlich wurde die Gartenstadt Falkenberg zum Weltkulturerbe erklärt.

Gartenstadt Staaken
Spandau
Bhf Berlin-Staaken

Am anderen Ende Berlins entstand die Gartenstadt Staaken bei Spandau fast gleichzeitig. Eine Arbeitersiedlung, die auf Anregung der Bodenreformer sogar von der Reichsregierung gefördert wurde. Denn der Arzt und Schriftsteller Franz Oppenheimer kannte den zuständigen Minister gut. Staaken wurde als eine Siedlungsgenossenschaft mit Selbstversorger-Gärten gebaut. Von der Architektur her erinnert es an die erste deutsche Gartenstadt Hellerau bei Dresden; vom Zuschnitt der Häuser an die „Obstbaukolonie Eden" bei Oranienburg. Mittels eines Erbpachtvertrags wurde Spekulation mit den Grundstücken und Häusern ausgeschlossen. Daher ist die Bewohnerschaft der Gartenstaat Staaken unglaublich stabil. Und das, obwohl die Wohnflächen nach heutigen Maßstäben winzig sind. Die schmalen Fußwege

zwischen den Gärten sind alle offen und laden den Spaziergänger ein, über die Gartenzäune zu schauen. In so manchem der Gärten wird wieder vermehrt Gemüse angebaut.

Die Siedlung im Elsengrund bei Köpenick wurde erst gegen Ende der 1920er Jahre fertig. Ihre Häuser mit den geschwungenen Dächern haben ebenfalls jene stallartigen Anbauten, wie sie auch in anderen Gartenstädten zu finden sind. Die Gemeinnützige Baugesellschaft Berlin-Ost und ihr Architekt Otto Rudolf Salvisberg bauten hier explizit für Selbstversorger, die auch ein paar Tiere halten wollten. Diese Siedlung galt damals als vorbildlich und zukunftsweisend.

Siedlung Elsengrund
Berlin-Köpenick
Stellingdamm

Gleichzeitig mit den Siedlungen in Staaken und Bohnsdorf wurde auch die Selbstversorgersiedlung an der Lentzeallee in Schmargendorf gebaut. Erst vor einigen Jahren schön instand gesetzt, wurde dieses Ensemble nach der Jahrtausendwende privatisiert und dem Publikumsverkehr entzogen. Die Menschen aus den angrenzenden Schmargendorfer Geschosswohnungen verloren ihren wohnungsnahen Spazierweg, der sich durch die Gärten der Siedlung und die sich daran anschließenden Villen-Gärten bis hin zum Finken-Park schlängelt. „Betreten verboten!“

Subsistenzlandwirtschaft: Landwirtschaftliche Produktion, die primär der Eigenversorgung dient. Gründe hierfür können sozialer und ökologischer Natur sein.

Soweit die Gartenstädte mithilfe einer öffentlichen Förderung gebaut wurden, bestand übrigens – wie in den Kleingärten – ein Gemüse-Anbaugebot. Die Siedler waren wie die Kleingärtner gesetzlich verpflichtet, in ihren Gärten Obst und Gemüse anzubauen. Wie wäre es, wenn man auf dem Tempelhofer Feld Siedlungen für die vielen Low-Budget-Künstler Berlins bauen lassen würde? Eine Art Neu-Tempelhof II und zwar für Einkommensschwache. Baut man doch wohl Gemüsegarten-Siedlungen am besten in Zeiten, in denen die Menschen, von der neuesten weltweiten Garten-Begeisterung erfasst, bereit sind zu lernen, wie das so geht, mit dem klimaneutralen Gemüseanbau im Sinne des städtischen Agenda-21-Prozesses. *Elisabeth Meyer-Renschhausen*

Wie wäre es mit einer neuen Gartenstadt auf dem Tempelhofer Feld? Der Anfang ist gemacht.

Gärtnern in öffentlichem Raum

Balkone, Klein- und Hausgärten setzen dem ambitionierten Gärtner enge Grenzen: Sichtbare wie Brüstungen und Zäune und unsichtbare wie Regelwerke aller Art. Wirklich frei kann sich erst der fühlen, der im öffentlichen Raum seine grünen Marken hinterlässt und künftige Entwicklungen steuert. Meist zur Freude der Allgemeinheit. Aber auch auf Straßen und Plätzen gelten Regeln. Und selbst wenn – der Guerilla-Gärtner kennt nur eigene. Und die Politik hat eine Herausforderung mehr.

Beispiel Oderberger Straße: Baumscheibe und Kübel

Autor:
Oskar Neumann ist Mitbegründer der BIOS (Bürgerinitiative Oderberger Straße)

Gewiss war es ein gewaltiger Schreck, der vielen Anwohnern in die Glieder fuhr, als im Juli 2007 die Pläne zur „denkmalgerechten Sanierung der Oderberger Straße aus Mitteln des städtebaulichen Denkmalschutzes“ bekannt wurden. Aus der Oderberger mit dem sie seit Jahrzehnten prägenden und von den Anwohnern gepflanzten und gepflegten Grün wäre ein ziemlich beliebiges Stück Großstadt geworden: Kein blühender Rotdorn mehr, keine „Kommunistenkübel“, keine „Amtshochbeete“ und keine begrünten Gehwegvorstreckungen. Statt dessen „Nullachtfuffzn“: Bäumchen in Reih’ und Glied, Gehwegplatten, Mosaikpflaster, ein paar Fahrradständer, vielleicht vor dem einen oder anderen Café ein paar Plastikkästen mit darin siechenden Lebensbäumen.

Das war so nicht hinnehmbar. Aber nach Workshops mit allen möglichen Beteiligten, unzähligen E-Mails und vielem weiteren Hin und Her zwischen Anwohnern, Bezirksverordnetenversammlung, Planern und Ämtern wurde eine deutlich vernünftigere Planung erstellt. Diese wird derzeit umgesetzt; 2012 sollen die Arbeiten in der Straße beendet sein. Eines der wichtigsten Ergebnisse dieses Prozesses: Die Anwohner kümmern sich weiter um das Grün und übernehmen dafür Patenschaften.

*Bitte ein Beet!
Wer Lust hat, ein mobiles Beet zu pflegen, kann sich schon vor der Beendigung der Bauarbeiten in eine Patenschaftsliste eintragen.*

Kleiner standortökologischer Exkurs
Ohne Boden, Licht und Wasser läuft (also wächst) gar nichts; weiterhin kommen noch einige andere Faktoren, wie z.B. „Schädlinge“, „Unkräuter“ und auch der Mensch „an sich“, hinzu. Im Boden einer Straße wird immer wieder irgendwo wegen irgendwelcher Bau- und auch Pflanzmaßnahmen herumgebuddelt, dabei wird Erdreich weggeschafft, zwischengelagert, wieder aufgetragen. Und wo Bäume stehen, hat man auch noch ein bisschen „Muttererde“ ins Pflanzloch gefüllt ... Stadtboden ist also normalerweise nicht natürlich gewachsen, sondern „künstlich“; er ist „durchmischt“, hat

BIOS – Bürgerinitiative Oderberger Straße
www.oderberger.org

Stockrosen sind sehr attraktive Stauden, sollten aber besser nicht in Baumscheiben gepflanzt werden.

wenig wasserbindenden Humus und ist ziemlich trocken. Und auch nach Jahrzehnten ist er noch sehr nährstoffreich, denn Müll, Schutt, Streusalz, weggeworfenes Essen, Hinterlassenschaften der Hunde usw. verdunsten ja nicht. Blütenreiche Magerrasenstauden und -gräser haben deshalb kaum eine Chance gegenüber Brennnessel, Quecke & Co. Ähnliches betrifft auch Moorbeetpflanzen (wie z.B. Rhododendron, Erika oder Hortensien). Diese brauchen einen frischen, sauren und sehr humosen Boden, der im öffentlichen Straßenraum nur schlecht zu erhalten ist. Und Vollschattenpflanzen, wie z.B. viele Farne, kommen mit der allgemeinen Trockenheit oft nicht klar.

Hinzu kommt, dass die Sonneneinstrahlung als Licht- und Wärmequelle in einer Straße stark schwankt; je nach deren Ausrichtung und der angrenzenden Gebäude. In der Oderberger bestrahlt im Sommer das meiste direkte Sonnenlicht ab etwa 11 Uhr bis zu 9 Stunden lang die eine Seite der Straße, was von den Häuserwänden noch reflektiert wird. Das sind Lichtverhältnisse fast wie in einer mittelasiatischen Steppe; demgegenüber ist es dann auf der gegenüberliegenden Straßenseite stellenweise so schattig wie im Harzer Bodetal. In anderen Straßen können solche Extreme noch größer sein. Und es ist sehr, sehr trocken! Das bisschen offenen Boden dörrt der Wind schnell aus, da er vorher über weite Strecken ungebremst über erhitzten Stein, Beton und Asphalt weht. Große, dicht belaubte Bäume (z. B. Kastanien) mildern diese Extreme zwar ein wenig ab, sorgen aber dennoch nicht für größere Feuchtigkeit am Boden. Denn darunter wächst wenig bis gar nichts, und außerdem brauchen die Bäume ja auch Wasser. Abgesehen davon transportiert der Wind eine Menge Dreck, darunter Samen von Wildkräutern, Pilzsporen und auch Insekten, die manche Pflanze ganz lecker finden ...

Sonnenblumen brauchen nicht viel Platz, Vorsicht nur, dass das Pflaster nicht in Mitleidenschaft gezogen wird.

Und zu „guter“ Letzt darf der Mensch nicht vergessen werden: Irgendwann kommt ein „Liebhaber“, der vergessen hat, seiner Geliebten irgendwo ein Sträußchen zu kaufen, und „pflückt“ (will heißen: reißt) die Blüten einer mühsam hochgepäppelten Stockrose ab, welche bisher allen anderen Widrigkeiten trotzte. Oder das Grünflächenamt macht kurzen Prozess mit dem gerade angewachsenen Feuerdorn, weil dieser so derbe Dornen hat und so etwas wegen

Tabak scheint sich in der Baumscheibe sehr wohl zu fühlen.

der Verkehrssicherheit nicht zulässig ist. Ergo: Straßen in der (Groß-)Stadt sind „menschengemachte" Biotope, also extreme Lebensräume mit ziemlich wenig Platz. Die Pflanzen müssen, wie in jedem anderen Biotop auch, den besonderen Bedingungen angepasst sein. Aber, auch wenn deshalb die Begrünung einer Straße nicht einfach ist – wir sind in der Lage, unsere Umwelt aktiv zu verändern. Tun wir's einfach.

Von Baumscheiben, Kübeln & Co

Die Widrigkeiten eines Straßenstandortes können durch verschiedenste Maßnahmen abgemildert oder sogar umgangen werden. Das beginnt schon mit der Auswahl der Pflanzflächen. In der Oderberger sind es Baumscheiben, Beete in Gehwegvorstreckungen, Pflanzkübel und Hochbeete; anderswo kommen vielleicht noch Vorgärten, bepflanzte Mittelstreifen oder Ähnliches hinzu.

Baumscheiben

Baumscheiben sind die kleinen Flächen offenen Bodens innerhalb versiegelter Bereiche einer Straße mit einem Baum in der Mitte. Seine Wurzeln verzweigen sich ebenso wie dessen Krone; nur eben nach unten und mit einem

Gar nicht gut: die Baumscheibe als Materiallager

weiteren wichtigen Unterschied: Nur die ganz jungen Wurzeln, die Feinwurzeln, sorgen für Wasser- und Nährstoffnachschub. Jedes Jahr bildet der Baum davon neue; die älteren verholzen und können kein Wasser mehr aufnehmen. Daher darf der Wurzelraum in der ohnehin meist knapp bemessenen Baumscheibe nicht über Gebühr beansprucht werden, weshalb bei einer Baumscheibenbepflanzung gewisse Regeln eingehalten werden müssen:

Vorsicht: Auch Kunst kann dem Baum schwer auf den Füßen stehen.

- Absoluten Vorrang hat immer der Baum!!! Alle weiteren Anpflanzungen müssen sich dessen Bedürfnissen unterordnen und bei baumsanitären Maßnahmen entfernt oder zurückgeschnitten werden können. Letztere sind übrigens Sache des Amtes; auf private Experimente sollte verzichtet werden.
- Das „beliebte" Umgraben fällt in einer Baumscheibe komplett aus. Die Lockerung des Bodens muss schonend erfolgen, und zwar nur dann, wenn es für den Baum nötig ist.
- Pflanzgruben müssen mit Rücksicht auf die Hauptwurzeln ausgehoben werden. Der Mindestabstand zum Baum sollte seinem doppelten bis dreifachen Stammdurchmesser entsprechen.
- Starkwüchsige Pflanzen haben in Baumscheiben nichts zu suchen, da sie Konkurrenten des Baumes sind. Im Sommer ist jedes Wasser knapp.
- Ebenso sind Kletterpflanzen ungeeignet. Denen geht es genauso ums Licht wie dem Baum, und sie wachsen meist deutlich schneller. Früher oder später überwuchern sie dessen Krone; er beginnt zu kümmern und stirbt im schlechtesten Falle ab. Das betrifft insbesondere den beliebten Knöterich, aber auch z. B. Jelängerjelieber, Efeu, Glyzine oder Hopfen.
- Ein „Aufhübschen" im Bereich der Baumscheibe mit Pflanzkübeln, Feldsteinen und anderen schweren Materialien ist absolut tabu, da sonst das Erdreich verdichtet wird und die hier befindlichen Baumwurzeln absterben können. Übrigens sollte man deshalb bei Baumaßnahmen penibel darauf achten, dass keine Baumaterialien auf den Baumscheiben gelagert werden.

Stauden in einer Gehwegvorstreckung

Skizze (Oskar Neumann) der zukünftigen Begrünung einer Gehwegvorstreckung in der Oderberger Straße. Zur Straße hin (links) ist eine niedrigere Bepflanzung vorgesehen.

· Auch das Auffüllen einer Baumscheibe mit Garten- oder gar Blumenerde über den Wurzelhals hinaus muss unterbleiben. Sonst werden die für die Atmung des Baumes wichtigen oberflächennahen Wurzeln zugeschüttet; der Baum kann dadurch absterben.

Dennoch bietet eine attraktive Bepflanzung mit niederwüchsigen Sträuchern und Stauden nicht nur einen schönen Anblick, sondern ist auch für den Baum von Vorteil: Zum einen sorgt eine geschlossene Pflanzenschicht für ein günstigeres bodennahes Mikroklima, und zum anderen wird häufiger gegossen, weil sich die Leute einfach mehr kümmern.

Beete in Gehwegvorstreckungen
Neben den bereits genannten Widrigkeiten kommt bei einer Gehwegvorstreckung hinzu, dass ein parkplatzsuchender Autofahrer sein Gefährt daraufstellen könnte. Dagegen gibt es ein einfaches Mittel: Man verwende ein paar größere Feldsteine. Da die Gehwegvorstreckungen ziemlich weit auf die Fahrbahn hinausragen, sollten sie aus Gründen der Verkehrssicherheit fahrbahnseitig mit niederwüchsigen Pflanzenarten bepflanzt sein, damit vorbeifahrende Autofahrer Passanten gut sehen können. Zum Gehweg hin kann die Vegetationshöhe zunehmen, sodass direkt am Gehweg auch schöne Solitäre bis zu 2 – 2,5 m Höhe stehen können. (s. Skizze)

„Gehwegvorstreckung" – das ist fließend Beamtendeutsch. Es handelt sich hierbei um eine Stelle, an der die Fahrbahn überquert werden kann, ohne sich zwischen parkenden Autos hindurchzuzwängen; der Gehweg wird also in die Fahrbahn „vorgestreckt". An solchen Stellen sind in der Oderberger rechts und links Beete angelegt und bepflanzt worden.

In Workshops wurde gemeinsam überlegt, wie die vorhandenen „Kommunistenkübel" weiterverwendet werden können.

Pflanzkübel

Pflanzkübel stellen die einfachste und zunächst preisgünstigste Variante dar, um ein Stück Straße zu begrünen – sie sind ja auch teilweise schon für recht wenig Geld im Baumarkt zu haben, oft schon mit „Nullachtfuffzn-Bepflanzung". Ein Kübel ist nicht mit dem „gewachsenen" Boden verbunden und meist ziemlich klein. Was darin wächst, muss deshalb deutlich häufiger gegossen werden als in einem Beet oder Hochbeet mit „Erdanschluss", weil so ein kleiner Pflanzkübel schnell austrocknet. Pflanzen in einem Kübel sind eigentlich immer frostempfindlich, egal wie „winterhart" sie auch sein mögen. Denn normalerweise friert Boden von oben her zu, und das zumeist nur ein paar Zentimeter tief. Das passiert aber in einem Kübel von allen Seiten – oft auch von unten! Im gefrorenen Boden kann die Pflanze kein Wasser mehr aufnehmen; sie vertrocknet. Deshalb sollten bepflanzte Kübel möglichst frostfrei durch den Winter gebracht werden. Ein kleiner Trick: Man kann den Kübel in Styropor verpacken; das verzögert das seitliche Durchfrieren erheblich, bleibt aber dennoch nur ein Notbehelf. Wichtig ist, dass er ein paar Löcher in der Bodenplatte hat; sonst kann überschüssiges Wasser nicht ablaufen, und die Pflanzen vergammeln. Und zu „guter" Letzt: Ein transportabler Kübel kann auch von anderen Leuten transportiert werden – schade um den schönen Bambus oder Rhododendron. Und natürlich auch um den Kübel … Dessen unschlagbarer Vorteil ist aber seine Flexibilität: Alles Mögliche an Behältern kann je nach Geschmack und Geldbeutel als Kübel verwendet werden, sofern nur genug Erde reinpasst. Mehrere Kübel können miteinander kombiniert werden, sodass die Pflanzfläche vergrößert werden kann. Und ist der Standort

Planung der Oderberger Straße

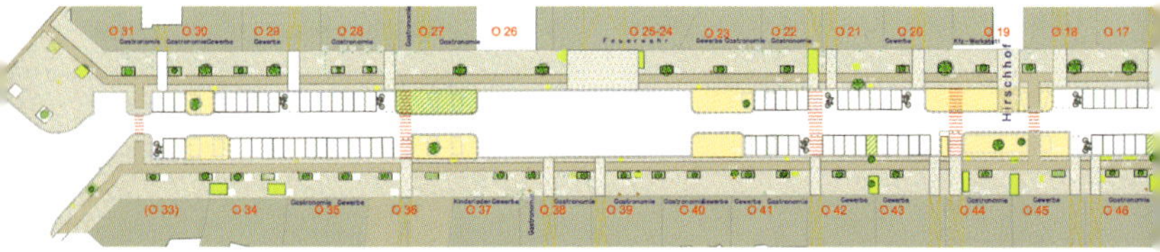

ungünstig, kann man einen Kübel an einen besseren Platz stellen. In der Oderberger werden nach Beendigung der Bauarbeiten – als Ersatz für dadurch verloren gegangenes Grün – auch Pflanzkübel verwendet. Diese werden durch die Anwohner gepflegt. Sie sind so konzipiert, dass sie ein Normalsterblicher nicht bewegen kann; sie haben also auch ein ausreichendes Bodenvolumen. Wenn sich irgendwann keiner mehr finden sollte, der ihre Pflege übernimmt, können sie mittels Hubwagen oder dergleichen an einen anderen Platz transportiert werden. Wenn auch das nichts nutzt, kommt ein Deckel drauf; und aus dem Kübel wird eine Sitzgelegenheit, bis sich wieder jemand findet, der den Pflanzkübel pflegt.

Hochbeete in der Oderberger: Zuerst kamen Anfang der 1980er Jahre die „Kommunistenkübel" – ziemlich hässliche Gevierte aus Waschbeton. Zur „Wendezeit" schafften die Anwohner noch weitere heran, die vorher die Berliner Mauer ostseitig „verschönten".

Hochbeete

Schnell wird ein Pflanzkübel zum Hochbeet, wenn die darin stehende Pflanze „durchwurzelt". Denn ein Hochbeet ist, im Gegensatz zu einem Pflanzkübel, nur von den Seiten her befestigt – drunter ist der „gewachsene Boden". Ein Hochbeet hat also Erdanschluss und kann daher nicht bewegt werden; im wahrsten Sinne des Wortes handelt es sich um eine Immobilie. Ein Hochbeet ist also im Vergleich zu einem Pflanzkübel deutlich weniger flexibel; bei Anlage und Bepflanzung muss man viel mehr Rücksicht auf die Ansprüche der Pflanzen nehmen. Der Vorteil ist aber der „Erdanschluss" – ein Hochbeet kann nicht von unten her zufrieren und es ist (normalerweise) deutlich voluminöser.

1992 wurden die Gehwegvorstreckungen und die Hochbeete von Seiten des Tiefbauamtes (daher „Amtshochbeet") und unter reger Beteiligung der Anwohner angelegt.

Von Pflanzenauswahl und Pflege

Beim Einkauf von Pflanzen gilt der weise Spruch „Regional ist erste Wahl!". Ein Besuch von Gärtnereien im Umland hat nicht nur den Vorteil, dass man Pflanzen und vernünftige Beratung aus erster Hand bekommt. Vielmehr sind die Pflanzen hier bereits abgehärtet, also

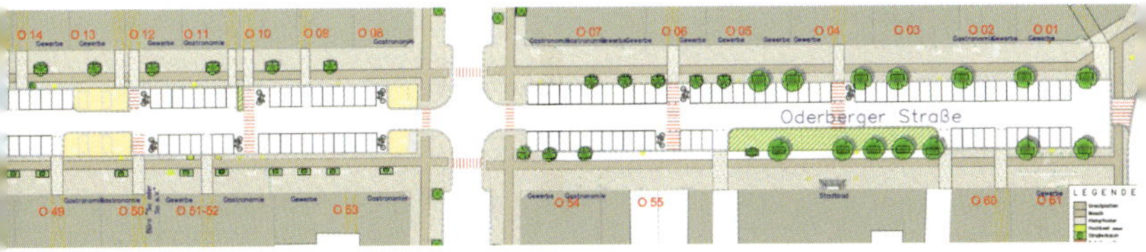

an unser regionales Klima angepasst. Pflanzen aus dem Baumarkt oder dem Gartencenter sind Massenware großer, weit entfernt gelegener Zuchtbetriebe mit anderem Regionalklima und haben daher oft Probleme beim Anwachsen. Auch von der Verwendung winterharter, kompakt wachsender Zimmerpflanzen wird abgeraten, sie haben ihre Wuchsform oft dem Einsatz wachstumshemmender Mittel zu verdanken, zum Beispiel die Zwergrosen, die es für wenig Geld im Supermarkt gibt. Diese Wachstumshemmer wirken bereits in geringsten Konzentrationen und können Nachbarpflanzen und auch das Grundwasser beeinflussen (Daher gehört so was auch nicht in die Biotonne!).

Arten, die sich sehr schnell ausbreiten können, wie z. B. Hopfen, Gemeine Waldrebe, Brombeere, Staudenknöterich, Beinwell und Spornblume, sollten mit Rücksicht auf andere Grünanlagen besser nicht gepflanzt werden. Auch viele Bambus-Arten sind solche Kandidaten, deren Ausläufer „marschieren los wie Soldaten" und finden sich oft an den unmöglichsten Stellen wieder; horstbildende, frostharte Sorten sind dagegen sehr zu empfehlen.

Das Wasser der Berliner Straßenpumpen zu verwenden, ist durchaus erwünscht – werden sie zu selten benutzt, versanden sie.

Um den ökologischen Funktionen der Anpflanzungen gerecht zu werden, sollte das „beliebte" Jäten auf ein erforderliches Mindestmaß beschränkt werden. Ein bisschen „Franzosenkraut", Gänsefuß, Vogelmiere oder Mäusegerste tut nun wirklich niemandem weh, solange davon nichts überhand nimmt, und verschiedene Insekten leben davon. Dagegen sollten unerwünschte stark wuchernde und ausdauernde Arten, wie z.B. Quecke, Giersch und Brennnessel rechtzeitig entfernt werden, ebenso Sämlinge von Robinie, Essigbaum, Ahorn und Götterbaum; sonst wird man sie vielleicht nicht mehr los. Zudem verbietet sich ohnehin deren Anpflanzung (wie auch anderer Bäume) schon aufgrund der zu erwartenden Größe. Und das herbstliche Laubharken („damit alles schön ordentlich aussieht") ist, wegen der berüchtigten Kastanienminiermotte, eigentlich nur

Stadtgrün am Straßenrand – Bäume in Berlin

Die Linde gilt als die Hauptgattung Berliner Straßenbäume schlechthin. Nicht nur an ihrem bekanntesten Standort „Unter den Linden" ist sie anzutreffen: Sie stellt über ein Drittel des Berliner Straßenbaumbestands – gefolgt von Ahorn und Eiche. Insgesamt sind es rund 420.000, das sind 80 Bäume pro Straßenkilometer.

Die „Linden" als Lichtmodels – ob es ihnen gefällt?

Welche Baumart es an den Straßenrand schafft, ist aber keinesfalls reiner Willkür überlassen. Der Senatsverwaltung für Stadtentwicklung zufolge wird bei der Auswahl der Baumarten auf eine Vielzahl von Faktoren geachtet. Neben Standort- und Stadtklimaeignung spielen Wuchsverhalten, Krankheitsanfälligkeit, Frosthärte, Streusalz- und Hundeurinverträglichkeit eine wichtige Rolle. Auch das allergene Potenzial der verschiedenen Arten wird mitbedacht.

Linde, Ahorn und Eiche sind aber nicht nur hoch im Kurs, sondern auch geschützt. Grund dafür ist ihre Bedeutung für den Naturhaushalt, insbesondere für die Verbesserung des Stadtklimas, sowie die Pflege und Gliederung des Orts- und Landschaftsbildes. Generell stehen alle Laubbäume unter Schutz sowie die Nadelgehölzart Waldkiefer und die beiden Obstbaumarten Walnuss und Türkischer Baumhasel. Letztere pflanzt man aufgrund ihres schlanken Wuchses und ihrer Robustheit gern als Straßenbaum.

Wenn ein Baum gepflanzt wird, kostet das natürlich. Von 1.000 Euro ist auszugehen – Geld, das Berlin mal nicht so locker hat. Unter die Kosten fallen Standortüberprüfung, vorbereitende Maßnahmen, Beschaffungskosten für das Gehölz, Herstellung der Baumgrube, Pflanzung und eine mehrjährige Entwicklungspflege. Daher werden zur finanziellen Unterstützung Baumpaten gesucht. Mit so einer Patenschaft wirkt man dem Berliner Baummangel entgegen, denn laut BUND fehlen 10.000 Stadtbäume. Gelistet werden diese nach Stadtteil auf der Homepage www.baume-fuer-berlin.de. Wer etwas gegen die roten Zahlen auf der Internetseite und für das hiesige Stadtklima tun will, kann dort Näheres erfahren. *Carolin Blenn*

Eibe und Fingerhut besser nicht, denn sie sind giftig ...

... dafür z. B. lieber Kartäusernelke

oder Storchenschnabel, sie sind keine Konkurrenz für den Baum.

unter Kastanien sinnvoll. Ansonsten ist die Laubschicht ein wichtiger Feuchtigkeits- und Nährstoffspeicher, darüber hinaus auch Winterquartier verschiedenster höchst nützlicher Kleintiere (Marienkäfer, Ohrwürmer etc.). „Laubharken ist Läusebestellung" – wer alles Laub entfernt, sorgt für die nächste Blattlausplage ... Ähnliches betrifft abgestorbene Staudenstängel; diese sollten erst im Laufe des nächsten Frühjahrs entfernt werden.

Da es sich bei Straßengrün um Anpflanzungen im öffentlichen Raum handelt, sind wegen der Verkehrssicherheit einige Regeln zu beachten, mit anderen Worten: Von unseren Anpflanzungen dürfen keine Gefahren für Eigentum oder Leib und Leben ausgehen. Daher verbieten sich giftige Pflanzen. „Prominente" Arten sind hier z. B. Eibe, Goldregen, Pfaffenhütchen, Christrose, Rizinus, Maiglöckchen oder Stechapfel. Auch Obstgehölze sind tabu, das betrifft leider auch den beliebten „echten" Wein (Vitis vinifera) – denn nicht alles, was „nicht gespritzt" ist, ist auch gleich „bio". Stark bestachelte oder bedornte Arten (z. B. Feuerdorn, lang bedornte Berberitzen; aber auch Rosen!) fallen dadurch ebenso weg. Natürlich kann man, was die Verkehrssicherheit betrifft, weidlich über- und auch untertreiben – gerade in Amtsstuben neigt man gern zum Ersteren, während auf „Straßengärtner" oft Letzteres zutrifft. Klar aber ist:

Die Auswahl der Pflanzen sollte wenig juristische Angriffsfläche bieten, denn es gibt Mitbürger, die ihr Recht auch vor Gericht durchsetzen – z.B. wenn irgendwelche Designer-Klamotten „ruiniert" sind.

Abschließend sollte nicht vergessen werden: Je attraktiver die Bepflanzung, desto eher finden sich besagte „Liebhaber". An Stelle von z. B. Dahlien und Rittersporn sollten niederwüchsige, kleinblütige Arten verwendet werden. Die sind auch sehr hübsch, sind weniger blumenstraußgeeignet und decken den Boden besser ab.

Womit sonst noch gerechnet werden muss
Ein kluger Anwohner der Oderberger hat mal gesagt: „Der Witz ist ja nicht, dass man die Bäume pflanzt, sondern dass man sie gießt.“ Wasser war vor der Wende kein Problem, weil es ja de facto nichts kostete. Heutzutage sollte die Bewässerung nur vom Hausanschluss erfolgen, wenn Nachbarn und vor allem Vermieter einverstanden sind. Mit anderen Worten: Im schlimmsten Falle muss die Gießkanne aus dem 4. Stock runtergetragen werden.

Gegen Hundekot und anderen Müll helfen vor allem regelmäßige Präsenz der „Straßengärtner“, wachsame Nachbarn und gepflegt aussehende Grünflächen (so spießig das auch klingen mag). Umgrenzungen wie Stolperzäune und Sitzbänke sind eher weniger effektiv, aber „Herrchen“ und

„Coffee-to-go-Trinker“ bekommen zumindest vielleicht ein schlechtes Gewissen. Beim Anlegen von solchen Umgrenzungen müssen allerdings einige technische Parameter (http://umweltbuero-weissensee.de/umwelt-blatt18.php) beachtet werden, die je nach zuständigem Amt unterschiedlich ausfallen. Daher und zu guter Letzt: Boden gehört immer irgendjemandem – in der Straße der Allgemeinheit und wird daher von Ämtern verwaltet. Von dort sind, egal bei welchem Vorhaben, Genehmigungen einzuholen; wenn das nicht geschieht, kann es schnell ziemlichen Ärger geben. *Oskar Neumann*

Guerilla Gardening

Das Stadtgrün ist eine hochoffizielle Angelegenheit – mit Gesetzen, Verordnungen und Behörden. Da ist genau geregelt, wer wofür zuständig ist und wofür nicht. Das Engagement der Bürger kommt dort jedenfalls nicht vor. Angesichts des Zustandes vieler Straßenbäume und mancher Stadtbrache ist dieses Engagement jedoch kaum zu stoppen. Immer mehr Stadtbewohner greifen zu eigenmächtiger Selbsthilfe, ohne erst lange behördliche Genehmigungen einzuholen. Der anarchistische Ansatz dieses Tuns führte zum inzwischen weltweit bekannten Begriff „Guerilla Gardening".

Die ersten Guerilla Gärtnerinnen begannen (und beginnen noch immer) damit, die Baumscheiben vor ihrer Haustür mit selbst gekauften Blumen zu bepflanzen. In Ost- wie Westberlin wurden in den 1980er Jahren karge Hauswände und ganze Hinterhöfe eigenmächtig begrünt. Andere Garten-Guerillas werden in Gruppen auf städtischen Brachen aktiv, sie lockern die Erde mit Spitzhacken, lassen sich Erde und Saatgut schenken und säen alte Getreidesorten samt Wildblumensaum oder setzen vergessene Kartoffelsorten.

Es handelt sich um eine nicht unbedingt illegale, doch auch nicht legale Art und Weise, vernachlässigte Brachen in den Städten zu

Das nächstliegende Betätigungsfeld eines Guerillagärtners ist die Baumscheibe.

neuer Blüte zu verhelfen. Oft blieben die Guerilla Gärtner nicht lange im extra-legalen Außerhalb. Nicht selten wird ihr Gärtnern bald von den Behörden akzeptiert oder sogar übernommen. Die Guerilla Gardeners sind insofern als die sichtbare politische Vorhut der Bewegung für „Urban Agriculture“ allgemein zu verstehen.

Seedbombs zum Mitnehmen gibts in der Pappelallee im Prenzlauer Berg.

Auf dem Gleisdreieck begannen Garten-Enthusiasten 2005 damit, die Erde mit der Spitzhacke aufzubrechen. Sie forderten bereits seit Jahren und Jahrzehnten, die alte Eisenbahnfläche in ihrer wildgewachsenen Pracht als Grüngelände den erholungsbedürftigen Bürgern zu widmen. Ihre Aktionen zogen viele neugierige Besucher an. Unbekannte legten über Nacht zusätzlich ähnliche Beete an. Nach nur drei Jahren hatten sich die Kasten-Beete auf wunderbare Art und Weise mit der wilden Brachennatur um sich herum vereint.

Einige besonders aktive Stadtbegrüner lassen sich auch von Zäunen nicht abschrecken. Sie wollen mit blühenden Landschaften vollendete Tatsachen schaffen. Ihre „Waffe“ dabei ist die Samenbombe, die auch über Hindernisse hinweg Wirkung entfaltet. Damit kann man unzugängliche Brachen sozusagen wie im Fluge begrünen. Ein Stand mit Anleitungen zum Herstellen von Samenbomben ist längst umlagerter Bestandteil vieler Ökofestivals.

Seedbombs selfmade

Das Herstellen von Samenbomben ist nicht schwer. Man nehme Samen von möglichst robusten Wildpflanzen und mische sie mit guter Muttererde, fein gesiebtem Kompost und etwas Tonerde. Beim Mischen sollte man nur so viel Wasser dazugeben wie nötig ist, dass der „seed ball" sich formen lässt. Und dann damit rauf aufs Feld und die innerstädtische Brache. Neuerdings gibt es im neu eröffneten Park auf dem Gleisdreieck sogar eine Schotterfläche, die eigens dafür angelegt wurde, wild einfliegende Samen aufzunehmen. Seedbombs sozusagen erwünscht.

Besonders geeignet sind Samenbomben für friedliche Demonstrationen gegen die neuerliche Welle des Brachliegenlassens zwecks Bodenspekulation. Im Jahr 2009 wollten Anwohner des 2008 geschlossenen Tempelhofer Flughafens nicht länger warten, den künftigen Park betreten zu dürfen. Da der Senat sich nicht entscheiden konnte, forderten die Anwohner zu einer symbolischen Besetzung des ehemaligen Flughafens auf. „Have you ever squatted an airport?" Hieß es auf den Zettelchen der Organisationen. Sie meldeten sich zum McPlanet-Kongress an, um dort mit anderen zu besprechen, was zu tun sei. Dort kamen sie mit der „Arbeitsgruppe Kleinstlandwirtschaft" zusammen, darunter Julia Jahnke, die gerade ihre Magisterarbeit zum Thema „Guerilla Gardening" abgeschlossen hatte.

Friedliche Besetzung des Flughafens Tempelhof

Was für eine Idee, eine friedliche Besetzung des Flughafens mittels Samenbomben und Blumenkästen! Es überzeugte die jungen „Besetzer" sofort. Am verabredeten Tag, dem 26. Juni 2009, verhinderten dann aber über 2000 Polizisten, dass die Demonstranten ihre Blümchen an Ort und Stelle einpflanzen konnten. Die Samenbomben jedoch erreichten ihr Ziel: den Boden des Tempelhofer Feldes. Noch nicht einmal ein Jahr später hatten die Demonstranten dann erreicht, was sie wollten.

Am 8. Mai 2010 wurde der ehemalige Flughafen der Allgemeinheit als öffentlicher Park zugänglich gemacht.

Da wusste die Politik aber immer noch nicht, was mit dem Gelände zukünftig eigentlich geschehen sollte. Deshalb durfte keine einzige Pflanze – und sei sie noch so winzig – in den Boden hinein. Die Aktiven der Gruppe „Tempelgärten" und von Berlin 21 e.V. schmückten ihre Fahrräder wie Pfingstochsen. Mit Blumenkästen am Lenkrad und kleinen Bäumchen im Lastenrad. Dazu Plakate: „Sameneinflugschneise" stand da zum Beispiel auf einem, „Kiezgarten" auf einem anderen. Wie die Gartenenthusiasten da so klingelnd über das Feld fuhren, verbreiteten sie gute Laune. Sodass sie im nächsten Jahr sogar aus der Verwaltung gefragt wurden, ob sie ihren schönen Umzug zur offiziellen Parkeröffnung am 8. Mai 2011 nicht wiederholen könnten ...

Mit phantasievollen Aktionen zur Rückeroberung von Brachen hatte es vor über 30 Jahren in New York City einmal angefangen. In den 1970er Jahren, als die ersten „Green Guerillas" ihre ersten Begrünungsaktionen starteten. In Toronto, Kanada, zogen die Gärtnerinnen in die Parks und richteten dort Gemeinschaftsgärten ein. Die Guerilla Gärtner von London setzten sich eine Stirnlampe auf und pflanzten zusammen mit einigen wenigen Kumpel nächtens Blumen, Büsche oder sogar ganze Bäume. Diese Art des Guerilla Gardening begeistert plötzlich weltweit quer durch alle Schichten. Es ist wohl einfach die Antwort der Bürger auf eine staatliche Sparpolitik, die die städtischen Grundstücke den Finanzmanagern und Versicherungskonzernen zuspielt. In den 1990er Jahren gewann das „community gardening" weltweit an Bedeutung, „Urban agriculture" wurde Thema der kommunalen Planungsbehörden.

Guerilla Gardening entwickelte sich zu einer Art tätigen Protestes gegen die Politik des Ausverkaufs der Gemeingüter. „Reclaim the Commons", „fordern wir die Allmenden zurück", also: Gemeindewiesen zurück in die Hand der

Urban Gardening sells. Das haben schon viele Geschäftsleute begriffen.

Allgemeinheit, waren die Slogans, die sich innerhalb der politisch aktiveren Szene der Gemeinschaftsgärtner entwickelten. Guerilla Gardening kann also verstanden werden als eine Art Intervention in die kommunale Politik mit unkonventionellen Mitteln. Guerilla Gardening wäre insofern eine Form innerstädtischer Gemeinschaftsgärtnerei als „direkte Aktion" oder symbolische Politik. Die derzeitige Begeisterung für Guerilla Gardening kann als allgemeine Zustimmung zur Forderung des „Reclaim the commons" verstanden werden. Es ist kein Wunder, dass sich angesichts dessen die Guerilla Gardeners in der Tradition der historischen Landbesetzungen von Landlosen sehen, als eine Bewegung für Bodenreform und das Recht auf „Ernährungssouveränität".

Die an Laternen aufgehängten Minibeete inmitten der Stadt Berlin machen nicht automatisch deutlich, was die Künstlerin damit sagen will. Auch die Zucchini auf dem Mittelstreifen der Frankfurter Allee werden mehr Demonstration als essbar sein. Aber zweifelsohne setzen sie Zeichen. Und fordern die Mitmenschen so zum Nachdenken auf. Das Minibeet im Einkaufswagen in der Marienburger Straße ist eine Aufforderung, über unser

Ausgefallener Beitrag zur Begrünung der Berliner Straßen

urmenschliches Bedürfnis nach Grün, kreativem Tun und dem In-der-Erde-Buddeln nachzudenken. Die eigensinnig bepflanzte Baumscheibe will wahrscheinlich nicht nur entzücken, sondern auch zum Nachdenken über Umweltbelange und das Anbauen von Gemüsen anregen.

Die Bürgerinitiative Oderberger Straße hat sich erfolgreich gegen einen ersten Sanierungsplan gewehrt, der die Straße vollkommen verändert und entstellt hätte. Ein neuer Plan wurde erkämpft.

Die Verteidigung eines gemeinsam begrünten Hinterhofs in der Oderberger Straße im Prenzlauer Berg gegen die Privatisierung ist eine Verteidigung einer „Allmende" gegen das Geldprinzip. Beim Verteidigen der wilden Kastenbeetbepflanzungen in der gleichen Straße geht es aber auch um Ästhetik, Selbstbestimmung und das Recht auf Selbsthilfe. Die politische Vernachlässigung des Schönen macht immer mehr biedere Bürgersleute für das Guerilla Gardening empfänglich.

Heute verläuft die Kommunikation über die nächsten Guerilla Gardening-Einsätze per Internet. In mehreren Plattformen teilen sich die Berliner Gartenaktivisten mit, wo sie wann und wie gärtnern wollen und fordern zum Mitmachen auf. Beispielsweise über die Internetplattform „Gartenpiraten". Auch der Prinzessinnen-Garten macht seine Arbeitseinsätze per Internet publik. Die Gruppe Allmende-Kontor auf dem Tempelhofer Feld versucht sogar, das Gießen durch Einrichtung eines Interneteinsatzplanes („Gieß-doodel") zu managen.

Auf www.uranacker.net finden sich Links zu vielen Garteninitiativen in Berlin.

Neuerdings macht der BUND, der Bund für Umwelt und Naturschutz, das Guerilla Gardening in Berlin gewissermaßen stubenrein. An einem Wochenende im Herbst verschenkten Freiwillige des BUND berlinweit Zwiebeln von Krokussen, Osterblumen und Tulpen. Die Berliner sollten die Blumenzwiebeln auf Mittelstreifen, verschiedene Rasenstücke und Baumscheiben zur Freude aller pflanzen. Die Aktion stieß auf begeisterte Resonanz. Das Guerilla Gardening ist nicht nur in Berlin-Mitte, sondern vor allem auch in der „bürgerlichen Mitte" angekommen.

Brachland in Kinderhand: Kinderbauernhöfe

Im Berlin der 1980er Jahre begannen junge Mütter mit ihren Freunden, Kreuzberger Brachen als grüne Abenteuerplätze für ihre Kinder einzurichten. Sie hatten es satt, aus grauen Mietshäusern auf triste Brachgrundstücke starren zu müssen und begannen zu entrümpeln, Beete anzulegen und Bäumchen zu pflanzen. Bald kamen einige Kaninchen, ein Schaf, ein paar Ziegen oder Ponys dazu. Der erste Kinderbauernhof entstand in Kreuzberg direkt auf dem Niemandsland an der Mauer zwischen Ost und West. Der Kinderbauernhof „Mauerplatz" – es gibt ihn noch heute zwischen Künstlerhaus Bethanien und Engelbecken. Bis heute von den Behörden kaum gefördert, wenn auch nach über 25 Jahren von offizieller Seite als existent anerkannt. Ein ruhige Oase, die im Sommer von vielen Kreuzberger Kindern und ihren Eltern besucht wird. Von der Kreuzberger Verwaltung wurden die Kinderbauern über lange Jahre mit militanten Hausbesetzern in einen Topf gesteckt und unangemessen ruppig behandelt. Noch heute ignorieren Politik und Behördenvertreter, dass schon öfter in der Geschichte notwendig war, die Ergebnisse vorzüglichen Bürgerengagements durch Einrichtung von ein oder zwei ordentlichen Stellen zu erhalten.

Kinderbauernhof im Görlitzer Park

Das Beispiel der Kinderbauernhöfe steckte an. Und es entstanden auf dem wilden Grün auf der Kreuzberger Seite der Mauer viele kleine Beete, in denen Anwohner auf eigene Faust Blumen und Gemüse pflanzten. Zwei dieser Gärten haben sich bis heute erhalten und sind unterdessen heimlicher Star vieler Stadtrundfahrten, wenn Touristenbusse ihre Klientel durch das ehedem so hübsch prickelnd wilde Kreuzberg schaukeln. Sie liegen unmittelbar am Mariannenplatz in einem toten Winkel des Mauerverlaufs. Bis heute pflanzen dort kommunikationsbereite türkische Groß-Familien regelmäßig Kohl, Bohnen und Lauchzwiebeln.

Im westlichen Charlottenburg erfreuten wild gesäte Sonnenblumen jahrelang die Leute an der Kantstraße. Im Kiez am Klausener Platz entstand der „Ziegenhof", ein gemeinschaftlich begrünter Hinterhof mit neu gesetzten Obstbäumchen,

Hühnern, Enten und Ziegen. Der Ziegenhof stieß eine ganze Welle von zunächst „wilden“ und später legalisierten und sogar durch die Kommune geförderten Hinterhofbegrünungen an. Im Wedding entstanden gleich mehrere Kinderbauernhöfe und später auch in Neukölln etc. Und weil auch in anderen europäischen Städten Eltern Ähnliches begonnen hatten, entstand später sogar ein Landesverband der „Abenteuerspielplätze und Kinderbauernhöfe“ (AKiB) und 1990 die „European Federation of City Farms“.

www.cityfarm.org
www.akib.de

Über diese Websites können Eltern leicht herausfinden, wo der nächste Kinderbauernhof für die eigene Brut zur Verfügung steht.

In den 1980er Jahren begannen auch in Ostberlin Anwohner, ihre Höfe in grüne Dschungel zu verwandeln. In Hohenschönhausen oder in Mitte, in Prenzlauer Berg oder in Pankow – überall gab es unangemeldete Spontangärtnereien. Nach der Wende ging es weiter. Bewohner des Friedrichshainer Samariterviertels und der Kinzigstraße wurden aktiv und begrünten unansehnliche Brachen. Die Eigentümer der Grundstücke duldeten die „Beackerung“ ihrer Grundstücke bis auf weiteres. Die kleinen Gärten in der Samariterstraße bekamen sogar finanzielle Hilfe von Gewerbetreibenden der Nachbarschaft, der „Stattbau“ und vom Bezirk. „Rosa Rose“ in der Kinzigstraße kam ohne jegliche finanzielle Hilfe aus. Er beruhte allein auf dem Interesse von unzähligen Gärtnern aus der Nachbarschaft, die begeistert waren, hier ein Beet anlegen zu können. Die einen kümmerten sich um das gemeinschaftliche Grün, andere um die Organisation sowie die Friedensbemühungen mit der hundebesitzenden Nachbarschaft. Schließlich teilte man die Brache per Zaun in Garten und Auslaufplatz. Im Rosa Rose Garten eroberte sich der Gemüseanbau seinen Platz. Aber dann wollte der Grundstückbesitzer doch bauen. Der Versuch, das Grundstück durch Kauf zu retten, scheiterte. Durch künftige Renditeerwartungen hochgetriebene Bodenpreise kann kein Bürgerprojekt bedienen.
Elisabeth Meyer-Renschhausen

Rosa Rose muss umziehen.

Strategien einer unermüdlichen Guerilla-Gärtnerin

Die Vorstellung vom Guerilla-Gärtner, der mit ins Gesicht gezogener Kapuze nachts bewaffnet mit Samenkugeln und Saatgutsack durch die Großstadt jagt, ist überholt. Was mit Anarchie und Ausdruck des politischen Protestes begann, nennt sich heute „Verantwortung für den öffentlichen Raum".

Hella Tripp hat keinen Garten. Oder zumindest keinen, den viele als solchen bezeichnen würden. Trotzdem ist sie unentwegt mit Pflanzen, Gießen und Gartenpflege beschäftigt, auch ohne eigene Scholle. Da gibt es zum Beispiel die Baumkübel vor ihrer Haustür. Hella nahm erst einen, später weitere der vernachlässigten Kübel in Pflege, entsorgte den Müll und pflanzte robuste Stauden. Damit die Pflanzen das raue Berliner Milieu überstehen, hat die Stadt-Gärtnerin Strategien entwickelt: lieber keine blühfreudigen Pflanzen verwenden, die Begehrlichkeiten wecken könnten. Und am besten nicht alles auf einmal pflanzen. Plötzliche Veränderungen im Beet verleiten so manchen Mitbürger, den alten Zustand wieder herzustellen. Diskret und unbemerkt gepflanzt aber erhöht die Chance, dass alles stehen bleibt. Haselwurz, Stachelnüsschen und Goldnessel sind unscheinbar genug, um nicht von „Blumenfreunden" mitgenommen zu werden. Storchschnabel und Sedum halten einige Übergriffe von Fußgängern aus. In einem Kübel blüht knallgelber Topinambur.

Sind die Kübelgärten versorgt, wartet schon das Rosenbeet um die Ecke auf Zuwendung. Einige Anwohner konnten und wollten nicht mit ansehen, wie die weißen und roten Rosen von meterhohem Unkraut überragt wurden. Zugegeben, Unkrautjäten ist nicht so spektakulär, mitunter aber notwendig.

Ein Garten, der weniger den Begleiterscheinungen vorbeieilender Passanten ausgesetzt ist, liegt einige Schritte weiter: Auf dem Friedhof neben dem Grab von Hellas Mutter befindet sich das vernachlässigte Grab einer Anja. Hellas Gelenkblume fühlt sich dort sichtlich wohl.

Berliner Land in Gärtnerhand

Autorin:
Jana Kotte verlegt Bücher über Gärten und Gärtnern

Wer einen Garten hat, braucht weder Fitnessstudio noch Wellnesstempel. Das Wühlen in der Erde baut Stress ab, die Bewegung an der frischen Luft regt den Kreislauf an und stärkt das Immunsystem. Was aber, wenn man keinen eigenen Garten hat? Die vier folgenden Initiativen zeigen, dass man ihn sogar vor der Haustür finden kann.

Summende Insel

Wenn es eine Pendlerpauschale für Bienen gäbe, könnten die kleinen Gestreiften mit Sicherheit den vollen Betrag geltend machen. Denn für die ca. 1 cm großen Hautflügler sind die 3 Kilometer „Anfahrt" ein weiter Weg. Das bringt die Biene aber nicht um, denn das macht sie schon seit 100 Millionen Jahren so. Seit die Menschen allerdings Städte mit Straßen, Häusern, Bahnhöfen und Flugplätzen bauen, hat die Biene ein Problem: Sie muss nun noch weiter fliegen, um Blüten zu finden. Auch die Ackerflächen vor den Toren der Stadt haben für Bienen in etwa das Nahrungsangebot eines betonierten Parkplatzes. Das macht nicht nur der Biene zu schaffen. Die Aussterberate der Pflanzen- und Tierarten übertrifft die natürliche um das 100- bis 1.000-Fache, von den rund 3.000 Farn- und Blütenpflanzen gelten in Deutschland über 700 als bedroht, ganze Ökosysteme verschwinden einfach. Auch im vergleichsweise artenreichen Berlin wird „aufgeräumt", Baulücken werden bebaut, Brachen in „saubere" Plätze mit zehn Zentimeter hohem Nutzrasen und hohem Erholungswert verwandelt. Da helfen auch die hübsch bepflanzten Balkone und Terrassen oft nicht viel: Was dem Menschen gefällt – große, gefüllte Blüten – hat für Insekten wenig Nektar im Angebot.

Die Königskerze – in der Insektenwelt beliebt als Kinderstube, Nahrungsquelle, Versteck und Sitzwarte

Auf die Idee, der Natur ein kleines Stückchen Raum zurückzugeben, wurde Dirk Rottmann durch das Buch „Blumenwiesen" von Reinhard Witt und Bernd Dittrich gebracht. Diese Idee in die Tat umzusetzen, bot sich an, als der damals als 1,50-Euro-Jobber Beschäftigte den Vorschlag machte, im Stadtgebiet eine Wildblumenwiese anzulegen. Vom Sinn und der Nachhaltigkeit

dieses Projektes ließ sich die damals in Friedrichshain/Kreuzberg zuständige Stadträtin für Grünflächen schnell überzeugen, und so bildete sich ein Stab von 7 Minijobbern, von denen einige bereit waren, extra dafür einen Verein zu gründen. Von der Stiftung Naturschutz wurden die Mittel für Sand, Holz und Samen bereitgestellt. Dirk Rottmann wird manchmal gefragt, warum man die Wiese nicht an einem schöneren, ruhigeren Ort angelegt hat. Denn sie ist begrenzt von Straßen, Motoren lärmen von allen Seiten, durch die vielen Fenster der anliegenden mehrstöckigen Häuser scheint man ständig beobachtet zu werden. Schatten spendende Bäume, eine Bank zum Sitzen – Fehlanzeige. Aber genau das sind die idealen Bedingungen für eine Wildblumenwiese, denn sie ist nicht in erster Linie für Menschen gemacht, sondern für Insekten. Schatten mögen Wildblumen gar nicht, denn sie brauchen mindestens 6 Stunden Sonne am Tag. Von zu vielen Flaneuren würden die Insekten gestört, die Pflanzen zertreten. Trotzdem sollte jemand ein Auge darauf haben, die Blicke der Nachbarn sorgen dafür, dass Vandalismus nicht überhand nimmt.

Honigbiene auf einer Wilden Malve

Gedränge auf einer Nickenden Distel

Selbst für entertainmentverwöhnte Berliner ist der Besuch der Wiese aber ein Erlebnis der ganz besonderen Art. Hier gibt es Insekten zu sehen, von denen man glauben könnte, dass es sich um außerirdische Lebensformen handelt. Die blutrote Heidelibelle beeindruckt mit ihrem knallroten Körper, der große Kopf des Bienenwolfes mit den dunkelglänzenden Augen lässt sogar Intelligenz vermuten, die gelbe Dungflie-

Auf der Wiese wuchsen im ersten Jahr 167 Arten. Die Samen dafür kamen von der Firma Seringa aus Baden-Württemberg, die Mischungen für die verschiedenen Böden anbietet. Drei davon sind von der Dresdener Uni als sehr empfehlenswert eingestuft worden.

ge trägt eine rostrote Behaarung. An das Märchen von der lila Kuh glaubt zwar kein Stadtkind mehr, aber wer weiß schon, dass es sich bei der Gamma-Eule um einen Falter handelt, der Gemeine Bläuling wie blaue Blüten im Mai in Scharen über die Wiese taumelt und mit dem Kleinen Fuchs ein Edelfalter gemeint ist. Auch bekanntere Zeitgenossen wie Pfauenauge, Kohlweißling und Weinbergschnecke sieht man in der Stadt ja nicht allzu häufig. Auf der Kreuzberger Wildblumenwiese schon. Mäuse und Vögel freut´s.

Der Nektar der Nickenden Distel steigt in der 1 cm langen Kronröhre auf, so dass langrüsselige Insekten herankommen.

Man kann von etwa 300 verschiedenen landschaftsbezogenen Blumenwiesen-Typen reden. Vier davon sind in die Kreuzberger Wildblumenwiese integriert: die Ruderalfläche, die Frischwiesenfläche, der Trockenrasen und die Ackerfläche. Die steinige humusarme Ruderalfläche ist im Stadtgebiet gar nicht so selten, die Trümmerschuttböden stammen meist noch aus dem Zweiten Weltkrieg. Unwirtliche Orte, auf denen nichts wächst. Außer Pionierpflanzen. Die können mit Nährstoffmangel, Temperaturschwankungen und wenig Wasser gut umgehen. Mit der Verdichtung und Bebauung Berlins gehen diese Lebensräume aber zunehmend verloren. Auf dem Gelände – zuvor wuchs hier Zierrasen auf nährstoffreichem Boden – musste extra eine LKW-Ladung Sand eingearbeitet werden, um den für die Mark typischen kargen und sandigen Boden wiederherzustellen. Die Mark Brandenburg – und somit Berlin – wurde schon vor Hunderten von Jahren als „des Heiligen

Die Larven des Bläulings leben gemeinsam mit Ameisen in deren Bau.

Die Kartäusernelke: aufrechte Stellung, leuchtend rote Färbung, enger Röhrenbau und tief verborgener Nektar – ideal für Tagfalter

Diese Möchte-gern-Wespe ist in Wirklichkeit eine Schwebfliege und hat keinen Stachel.

Auch der Pinselkäfer tut nur so: sieht aus wie eine Hummel und schützt sich so vor Fressfeinden.

Römischen Reiches Streusandbüchse" bezeichnet, genau richtig für Gemeine Edeldistel, Rote Lichtnelke und Nickendes Leimkraut. Sie haben nur auf dem Trockenrasen eine Chance, auf fetterem Boden würden sie von anderen Arten verdrängt werden.

Neben Insekten und Vögeln hat die Wiese inzwischen viele andere Freunde gefunden. Anwohner, die täglich ihren Hund Gassi führen, schauen nach dem Rechten, Läufer nehmen das umständliche Türaufsperren in Kauf, nur um auf 20 Metern durch wilde Wiese zu joggen und im Frühjahr pilgern die Berliner hierher, um das Feuerwerk der Mohnblüte auf der Ackerfläche zu fotografieren. Damit die Insekten noch weitere Nektarinseln angeboten bekommen, wünscht sich der Verein Nachahmer. Am liebsten immer in 500 Metern Abstand, das wäre für ein Insekten-Inselhopping perfekt. Alles, was man braucht, ist eine geeignete Fläche, das Talent, die Behörden des zuständigen Bezirkes von der vielbeschworenen Nachhaltigkeit zu überzeugen, Mitstreiter, die ein paar Jahre bei der Stange bleiben, und Fördergelder für das Material. Ist aber die Wildblumenwiese erstmal angelegt, ist der gärtnerische Aufwand gering. In der Aussaatzeit muss bei Trockenheit gewässert werden, einige Krautgänge im ersten und zweiten Jahr sind erforderlich. Später wird ein- bis zweimal im Jahr gemäht, das Schnittgut entfernt. Ein Aufwand, der sich für alle lohnt.

Jana Kotte

Bienen lieben Berlin

Berlin ist eine der grünsten Städte Europas und ein Paradies für Bienen. In den letzten Jahren hat die Imkerei in der Stadt an Popularität gewonnen. Über 600 Imker leben in der Stadt, die über 3000 Bienenvölker betreuen. Jedes Bienenvolk kann bis zu 40 kg Honig eintragen, was für eine gute Trachtsituation spricht. In den Sommermonaten kann sich die Anzahl der Bienenvölker sogar verdoppeln. Sind doch die über 80.000 Lindenbäume ein fantastischer Bienenschmaus. Da fährt der eine oder andere Imker seine Bienen gern mal zwischen Mai und Juli in die Stadt.

Im März kann man bei Temperaturen um 12 Grad die ersten Bienen beobachten. Dann sieht man die Insekten vor allem auf Weiden, Krokussen, Schneeglöckchen und Tulpen. Im April folgen wertvolle Nektarquellen wie Obstbaumblüten, z.B. Pflaumen, Kirschen, Äpfeln, Birnen und Quitten, aber auch Löwenzahn, die Blüten der Ahornbäume und Rosskastanien. Im Mai kann man die schneeweißen Blüten der Robinien erblicken, die einen fantastischen Honig ergeben. In den Sommermonaten besuchen die Bienen Lindenbäume (über 40 Arten gibt es in der Stadt). Auch Kräuter (z.B. Thymian, Basilikum), Beeren und Vergissmeinnicht sind bei den Bienen sehr beliebt.

Die meisten Imker beherbergen ihre Bienen in Gärten, auf Grundstücken und in Parkanlagen. Auch ein windgeschütztes Dach oder ein großer Balkon bieten sich als Bienenstandort an. Dabei sollte man darauf achten, dass die Nachbarn vor regem Bienenflug geschützt werden. Ich empfehle allen, die sich für die Imkerei interessieren, einen Kurs zu besuchen. Die werden von über 14 Imkervereinen in Berlin und von Privaten angeboten. Ferner sollte man Kontakt zu einem erfahrenen Imker aufnehmen und einen windgeschützten Standort für die Bienen zu suchen. Stockmeißel, Besen und Schleier gehören zur Grundausstattung. Ein Bienenhaus kann man beim Imkereifachhandel oder im Internet bestellen.

Etwas Zeit sollte man für dieses Hobby im Sommer haben (1 bis 2 Stunden pro Woche und Volk). Man sollte prüfen, ob man auf Bienengift allergisch ist. Wer will, imkert mit Handschuhen, dabei entgeht einem das flauschige Fell der Bienen und die Möglichkeit, die Bienen auch mal zu streicheln – aber bitte nicht am Po, denn dort befindet sich der Stachel. Keine Angst, die Bienen in der Stadt sind sehr zahm. Trotzdem empfiehlt sich ein Schleier. Die Bienen müssen beim Veterinär im jeweiligen Stadtteil angemeldet werden.

Annette Mueller

Apfelbaum trifft Plattenbau

Autorin:
Carolin Blenn studiert Germanistische Linguistik und Philosophie

Streuobstwiesen in Berlin? So etwas gibts? Ja, so etwas gibt es tatsächlich, zum Beispiel in der Reichenberger Straße in Lichtenberg. Dort entstand im Frühjahr 2009 auf dem ehemaligen Gelände eines Spielplatzes eine Wiese mit jun-

Noch müssen die jungen Apfelbäume geschützt und gestützt werden, aber in ein paar Jahren wird man in ihrem Schatten liegen können.

gen hochstämmigen Apfelbäumen. Keine drei Meter ragen sie inzwischen auf dem ungefähr 2.000 m² umfassenden Gebiet in der Front eines Neubaublocks in die Höhe, und im Herbst hängen an den noch dünnen Ästchen sogar schon die ersten Äpfel. Natürlich kann derzeit von keiner großen Ernteausbeute die Rede sein, dazu sind die Bäume noch zu jung. Doch in den nächsten Jahren wird schon mit dem einen oder anderen Apfel gerechnet, den die zwölf Bäume „abwerfen" werden.

2008: Entsiegelung des Geländes

In den 1930er Jahren stand auf der Fläche eine Emaille-Werkstatt, später wich sie einem temporären Heizwerk für die umliegenden Wohnblöcke. Schließlich wurde sie als Baufeld genutzt, denn auf dem angrenzenden Gebiet sollten weitere Wohngebäude errichtet werden. Erst dann wurde der Bedarf an einem Spielplatz für die Kinder der Anwohner gedeckt. Doch mit der Zeit verfiel dieser, die Spielgeräte wurden abgebaut und ein paar Straßen weiter wieder aufgebaut, nur um dort erneut ungenutzt herumzustehen. Die Gelegenheit für eine Umgestaltung des Gebietes war also günstig. Und so kam Thomas Graichen die Idee für einen Naturgarten. Doch für

2010: Ein Naturgarten ist entstanden.

eine Umsetzung dieser Projektidee wären mehr finanzielle Mittel sowie menschliche Unterstützung nötig, denn an Mitstreitern mangelte es Thomas Graichen und daran mangelt es auch heute noch: Die Interessensgemeinschaft „Obstwiese unterm Balkon“ besteht neben ihm noch aus zwei weiteren Personen. Zwar gibt es interessierte Anwohner, doch aufgrund des fortgeschrittenen Alters oder von Krankheiten können diese potenziellen Mitstreiter leider nicht mehr so, wie sie wollen. Auch Thomas Graichen muss gerade erleben, dass der Körper das letzte Wort hat: Genug zu tun gibt es auf der Apfelbaumwiese auf jeden Fall und es stehen auch einige Projekte wie zum Beispiel die Beschilderung der Pflanzen an, doch ein Schlaganfall hat den Berufsschullehrer und Naturaktivisten gezwungen, kürzer zu treten.

Insektenhotel

Aber ganz allein mit dieser Arbeit ist Thomas Graichen nicht: die Interessensgemeinschaft steht in Kooperation mit der Naturschutzstation Malchow. Diese übernimmt beispielsweise das halbjährliche Mähen der Wiese, die mancher Anwohner gern öfter gemäht sehen würde. Der Grund ist ganz klar: Nachdem die Spielgeräte vor einigen Jahren weggeschafft wurden, war hier eine stillgelegte Grünanla-

Zurück zu den Streuobstwiesen

Streu-Obst-Wiese. Ein Begriff aus drei Teilen und jeder von ihnen weckt angenehme Gefühle. Sie ist das Gegenteil von Monokultur, von umzäunten Plantagen mit endlosen Baumreihen, deren Abstand genau so bemessen ist, dass der Traktor mit den Pflanzenschutzmitteln hindurchkommt. Der Siegeszug der industriellen Obsterzeugung in den vergangenen Jahrzehnten schien das Aus für die Streuobstwiesen zu bedeuten. Sie war ja früher einmal die allgemein übliche Art des Obstanbaus (der Apfelbaum von Frau Holle, der geschüttelt werden wollte, stand auf einer Steuobstwiese!).

Sicher waren es auch die Übertreibungen Brüsseler Europapolitiker, die aus Äpfeln genormte Verspeisungserzeugnisse machten, und dazu die Phantasielosigkeit der Supermarktketten, die das Interesse an altbekannten Apfelsorten und traditionellen Anbaumethoden wieder anwachsen ließen. Und so kam die Steuobstwiese wieder in Mode. Denn sie ist mehr als nur ein Ort des Obstanbaus. Sie ist ein Teil der Landschaft. Hier können Rinder oder Schafe weiden, Menschen unter Bäumen liegen, die verschiedensten Vögel nisten, Bienenvölker Nahrung finden... Hier stellt sich schnell Artenreichtum ein. Streuobstwiesen sind schützenswerte Biotope. Das Revival der Streuobstwiesen geht einher mit der Bewahrung alter Obstsorten. Interessant sind vor allem schädlingsresistente Pflanzen, die ohne chemische Keule auskommen, vielleicht aber keinen Schönheitspreis erwarten können. In Templin gibt es einen von NABU und Baumpaten gepflegten Apfelsortenschaugarten mit über 100 alten Sorten.

Wer selbst eine Streuobstwiese anlegen will, kann sich an den Naturschutz Berlin-Malchow wenden, denn dieser verfügt über einen großen Erfahrungsschatz bei der Anlage und Bewirtschaftung von Streuobstwiesen. Wer also diesem Modell nacheifern möchte, kann dort auf eine fachlich fundierte Beratung zählen.

Auch die GRÜNE LIGA möchte dieses besondere Biotop wieder mehr ins Blickfeld rücken. Mit der „Apfelerlebniskiste" können Pädagogen und Eltern theoretisch und praktisch mit Kindern den Lebensraum Streuobstwiese erforschen. Theoretisch gehts von der Geschichte über Nutzung, Pflanzen- und Tierarten, Sortenbestimmung bis hin zur Pflege – und praktisch wird geerntet und weiterverarbeitet, insbesondere mit einer manuell betriebenen Saftpresse.

GRÜNE LIGA Berlin e.V.
Tel. 030 4433910
apfel@grueneliga.de

ge mit ordentlich kurz geschnittenem Gras. Nun haben hier alle Pflanzen, die möchten, einen Platz zum Leben. Was da ist, bleibt. Und um englischen Rasen geht es hier niemandem, handelt es sich doch um eine Wildwuchswiese.

Auch der benachbarte Kiezklub hilft. So wurde nach und nach ein Jägerzaun aufgestellt, der die Wiese umgibt, dessen Tor aber jederzeit für alle geöffnet ist. Finanzielle Unterstützung kam in diesem Fall von der Wohnungsbaugesellschaft HOWOGE, denn dieser gehören die umliegenden fünfstöckigen Neubauten. Die ist natürlich interessiert daran, den Mietern ein schönes Umfeld zu schaffen und unterstützt solch grüne Oasen.

Warum aber eigentlich Apfelbäume? Das liegt an der Zusammenarbeit mit der Naturschutzstation Berlin-Malchow, denn diese erhielt 2007 den Berliner Naturschutzpreis: für die Umwandlung brachliegender Flächen in ökologisch überaus wertvolle Streuobstwiesen. Diese Idee traf sich mit den Vorstellungen von Thomas Graichen und so kam es in der Reichenberger Straße dazu, hochstämmige Obstbäume auf einer Brache vor der Haustür zu pflanzen.

Die Apfelbäume sind aber nur eine von mehr als 5.000 Pflanzenarten, die hier ein Zuhause gefunden haben. Neben Rotklee wachsen dort

Die Gemeine Ochsenzunge fühlt sich wohl auf der Streuobstwiese.

Apfelsorten auf der Streuobstwiese:
Schöner v. Nordhausen
Goldrenette von Blenheim
Baumanns Renette
Bismarckapfel
Danziger Kantapfel
Gewürzluiken.

die blauviolett blühende Ochsenzunge, das weiße Mutterkraut sowie die gelbe Königskerze. Auch zahlreichen Tierarten wird hier ein Heim geboten, denn die Wildpflanzen sind ein Paradies für Bienen, von denen sie reichlich besucht sind. Sogar ein kleines Insektenhotel bietet Obdach für einige Gliederfüßer. Solche Unterkünfte gelten als wichtige Insektenschutzmaßnahme und können praktisch von jedermann mit geringem Aufwand in naturnahen Gebieten aufgestellt werden.

Ein weiteres zukünftiges Projekt auf der Apfelbaumwiese wird die Nutzung von Zisternen sein. Vom Dach des angrenzenden Kiezklubs soll dann das Regenwasser aufgefangen werden, um die Wiese zu bewässern. Dies würde gleich mehrere Vorteile mit sich bringen: Neben dem positiven Aspekt, dass das nötige Nass gleich vor Ort zur Verfügung steht, kommt außerdem der ökologische hinzu. Regenwassernutzung ist als Umweltschutzmaßnahme anzusehen, da in der direkten Umgebung der Wasserverbrauch und die Grundwasser-Entnahme reduziert werden. Und so befinden sich die zwei einen Kubikmeter fassenden Tonnen bereits auf dem Gebiet des Kiezklubs und warten darauf, angeschlossen zu werden.

Beim Flanieren auf der Apfelbaumwiese fällt ein Brachland gegenüber ins Auge. Ebenfalls wildbewuchert leuchtet es in saftigem Grün und Gelb. Was auch aussieht wie eine Wildwiese, ist lediglich das Resultat des Verfalls: Die Fläche ist glücklicherweise seit Jahren unbebaut, sodass auch dort Pflanzen und Tiere einen Lebensraum inmitten der Stadt gefunden haben. Einzig der besucherunfreundliche Maschendrahtzaun hält die Anwohner und Naturfreunde von der Nutzung des prachtvollen Gebietes ab. Schade, wie wir finden, denn auch dort wäre die Realisierung einer Streuobstwiese eine angenehme, klimafreundliche, umweltschonende Alternative zu einem weiteren Betonhaufen, der den Boden versiegelt und die ansässigen Tier- und Pflanzenarten vertreibt. *Carolin Blenn*

Ein Berlinerisch-Bayerischer Park

„Der Kaitersberg ist der Hausberg vom Bayerischen Bad Kötzting. Und seine Spitze steht in Berlin-Lichtenrade." Diese Aussage der bayerischen Paten des Lichtenrader Volksparks beweist nicht nur Humor, sondern vor allem die Verbundenheit zu ihrem Berliner Schützling. Der Berliner Kaitersberg ist nur 10 Meter hoch und wurde zu Ehren der freigiebigen Süddeutschen so benannt, genauso wie „Kötztinger Weg", „Grafenwiesener Steig" oder „Lamer Winkel", allesamt benannt nach Orten aus dem Landkreis Cham im Bayerischen Wald.

Die Patenschaft wurde 1983 besiegelt, zu einer Zeit, als Westberlin noch eine besondere Stellung einnahm. Wegen des fehlenden Umlandes innerhalb der Berliner Mauer entwickelten die Westberliner einen großen Ideenreichtum, um grüne Anlagen innerhalb der Stadtgrenzen zu schaffen. 1979 rief die Bürgerinitiative Lichtenrade Ost die Anwohner auf, ihre Weihnachtsbäume doch besser mit Wurzelballen zu kaufen, um sie im Januar auf eine Grünfläche neben der Hochhaussiedlung zu pflanzen – mit großem Erfolg. Der Grundstein für den Volkspark war gelegt.

Auch wenn die Besitzverhältnisse nicht von Anfang an klar waren: Die Fläche wurde kurzerhand okkupiert – die findigen Berliner hatten mittlerweile gelernt, alle Ressourcen gut zu nutzen. Frei nach dem Motto „Schwerter zu Flug-

Erste friedliche Besetzung des Geländes – an dieser Stelle steht heute ein Spielplatz unter großen Bäumen.

Erste Baumpflanzung

Bergtaufe mit dem damaligen Bezirksbürgermeister Sigmund Jaroch

scharen" halfen zum Beispiel die damals in Westberlin stationierten Amerikaner, mit schwerem Gerät den damals noch namenlosen „Kaitersberg" zu modellieren. Die Erde dazu kam vom Aushub des Lichtenrader Dorfteiches, der kurz zuvor saniert wurde. Ein weiterer Hügel wurde von einem Bauunternehmer angelegt, der das von ausgeschachteten Baugruben übriggebliebene Material ansonsten mit hohem Aufwand über die Grenze in die DDR hätte schaffen müssen. Ausgemusterte U-Bahn-Schwellen sorgen dafür, dass der Hügel blieb, wo er hingehörte.

1981 gründete sich der Trägerverein des Lichtenrader Volksparks. Die Besitzverhältnisse wurden erst nach und nach klarer, Flächen des Landes Berlin wurden gepachtet. Ein weiterer Teil des Geländes – der Acker von Bauer Lehne – konnte leider nicht dazugepachtet werden, weil die Erbengemeinschaft nicht an das Land Berlin, sondern an einen Bauträger verkaufte, wofür sicher die Bodenpreise der Grund waren. Dass die Wohngegend durch den Park an Wert gewann, damit zumindest hatte der Bauträger mit dem Slogan „Wohnen am Volkspark" beim Verkauf der neu entstandenen Einfamilienhäuser geworben. Der Teil des Viertels Lichtenrade Ost, den die GSW übernommen hat, nennt sich jetzt „Volksparkviertel".

Gärtnern wird hier generationenübergreifend geübt.

Die Vereinsmitglieder gruben, pflanzten und pflegten ihren Park. Anfangs in Ermangelung von Gartengerät mitunter mit Brechstangen.

Aus der kahlen Fläche entstand eine stattliche Grünanlage. Ein Wasserleitungssystem wurde im Park verlegt, ein Kinderspielplatz angelegt. Anwohner bringen ihr kompostierbares Material vorbei und können gegen Spende gute Komposterde mitnehmen.

Die Parkbänke kommen alle aus Bayern, der Landkreis Cham hat bis zum heutigen Tag Bauholz, Bänke und Pflanzen im Wert von insgesamt rund 150.000 Euro gespendet. Für die vielen Spenden aus Bayern bedanken sich die Berliner mit Werbung für die touristische Region um Cham. Ein Zeichen dafür, dass die Freundschaft bis heute anhält, ist der Christbaum, der jedes Jahr vom Bauunternehmer Max Schierer kostenlos aus dem Bayerischen Wald vor das Tempelhofer Rathaus transportiert wird.

Der Verein sucht Unterstützer bei den gelegentlichen Arbeitseinsätzen. Die Mitglieder treffen sich von Frühjahr bis Spätherbst jeden Mittwoch und Samstag 10 – 14 Uhr im Werkhof Carl-Steffeck-Straße Ecke Hanowsteig.

Der Verein ist mittlerweile 30 Jahre alt. Das langjährige Engagement hat dem Verein schon einige Preise eingebracht. 1986 gab es den Umweltpreis für Leistungen im Umwelt- und Naturschutz, 1988 den 2. Platz beim Tempelhofer Umweltpreis, und 2001 wurde der Bürgerpreis 2000 überreicht. 2008 nahm Vereinsvorsitzender Wolfgang Spranger den Umweltpreis des BUND im Roten Rathaus entgegen. Alle Preise der Welt nützen aber nichts, wenn sich niemand findet, der das Erbe der Aktivisten der 1980er Jahren übernimmt. Denn der in die Jahre gekommene Verein braucht dringend Nachwuchs.

Jana Kotte

Eingangsstein gegenüber der Feuerwache

Autor:
Dr. Frank Pietsch ist Vorsitzender des Vereins „Weingarten Berlin"

Berliner Wein, grüner geht´s nicht

Wussten Sie, dass ein Hektar Wein den Jahres-Sauerstoffbedarf für 25 Menschen liefert, während ein Hektar Laubwald nur 10 Menschen versorgen kann? Was liegt da näher als zu sagen, lasst uns doch Wein anbauen.

So oder ähnlich könnten die Überlegungen des Bezirksamtes Prenzlauer Berg gewesen sein, als 1999 im Volkspark Prenzlauer Berg eine Fläche mit 400 Stöcken der Sorte „Riesling" bepflanzt wurde. Der 2003 gegründete Förderverein „Weingarten Berlin" e.V. hat aus dieser amtlichen Initiative eine kleine Erfolgsgeschichte zum Thema Wein gemacht.

Wein als Fassadenbegrünung

Heute stehen im gepflegten Weingarten 700 Rebstöcke. Der Verein organisiert Führungen, beschäftigt sich mit der Berliner Weingeschichte, pflegt Kontakte zu den Winzern in Berlin und anderswo, lädt u.a. zum Rebschnitt, zum Tag der StadtNatur, zur Weinlese ein und der in Meißen gekelterte „Berliner Riesling" ist ein Geheimtipp für Weinkenner mit Hang zur Rarität.

Es ist überliefert, dass es im Mittelalter schon mal – bedingt durch günstige klimatische Umstände – in und um Berlin erhebliche Weinbestände gab. Diese Weinbaugebiete befanden sich entlang der Barnimhangkante, in Neukölln, Spandau und Kreuzberg. Wein war ein florierender Wirtschaftszweig und wurde sogar exportiert.

Weingarten im Volkspark Prenzlauer Berg

Heute sorgen Klimawandel und Züchtung dafür, dass sich die Anbaugrenzen für Wein leicht nordwärts verschieben. 1.600 Sonnenstunden und 600 mm Niederschlag im Jahr, dazu lockere, humose Böden sorgen in Berlin für Aufwind in Sachen Wein. Zehn größere Weingärten mit bis zu 1.000 Rebstöcken, unzählige „Weingärtner" in Haus- und Schrebergärten und Wilder Wein an vielen Häusern als Fassadenbegrünung sind beredtes Zeugnis dieser grünen Offensive.

Wo Wein wächst, ist die Lebensfreude größer. Wer da nicht zum Spaten greift, ist selber schuld. Wir helfen gern mit Erfahrungen und Tipps für Weinanbau-Interessierte:

Ansprüche: Die Rebe ist ein Obstgehölz und benötigt zur Reife einen sonnigen, nach Süden orientierten Platz. Bodenansprüche sind eher unproblematisch, dagegen sollten Bodenverdichtungen und Staunässe vermieden werden.

Sortenwahl: Für den Hausgarten sind Tafeltrauben zu empfehlen. Sie sollten unbedingt veredelte Weinstöcke, sogenannte Pfropfreben, erwerben und keine Stecklinge von vorhandenen Pflanzen nehmen. Die Reblaus ist nicht ausgestorben. Für Pfropfreben werden deshalb amerikanische Rebarten, die gegen die Reblaus unempfindlich sind, als Unterlage verwendet. Informieren Sie sich über Rebsorten und legen Sie bei Ihrer Wahl besonderen Wert auf Pilzwiderstandsfähigkeit, Frosthärte und Reifezeit, möglichst September/Anfang Oktober. Durchaus zu empfehlen sind Muskat Blue, Anja als rote und Polöski Muskotaly, Phönix, Romulus als weiße Trauben.

Die Pflanzzeit von wurzelnackten Rebpflanzen ist im Frühjahr. Diese sind dann einen Tag zu wässern. Topfpflanzen können ganzjährig gepflanzt werden. Das Pflanzloch wird 30 – 40 cm ausgehoben, keinesfalls Mineraldünger oder Dung ins Pflanzloch geben, das kann zu Wurzelschädigungen führen. Es wird zuerst ein Halt gebender Pflanzstab gesetzt und dann der Rebstock. Die Veredlungsstelle soll 8 bis 10 cm

Förderverein „Weingarten Berlin" e.V.
c/o Genossenschaft Gewerbehof Saarbrücker Straße e.G.
Saarbrücker Str. 24
10405 Berlin
Tel.: (030) 44 09 276
www.berliner-riesling.de

Seit 1984 verschönt Wein aus dem Rheingau-Taunus die nördlichen Tribünen des Wilmersdorfer Stadions. Die hessischen Winzer fühlen sich für diesen Wein seitdem vom Rebschnitt bis zum Keltern verantwortlich. Die Straußwirtschaft am Rüdesheimer Platz ist ein echter Geheimtipp für Weinfreunde.

aus der Erde ragen. Der Weinstock muss im ersten Jahr regelmäßig gewässert werden.

Erziehung/Stockaufbau/Rebschnitt: Hierbei werden aus unserer Erfahrung vom Hobbywinzer die meisten Fehler gemacht. In den ersten drei Jahren sind keine Erträge zu erwarten, es ist die überaus wichtige Stockaufbau- oder Erziehungsphase. Es lohnt sich, für diese Arbeiten fachlichen Rat einzuholen. Wir als Verein, aber auch Winzer in Brandenburg, bieten in den Monaten Februar/März Schulungen mit praktischen Übungen für den Rebschnitt an. Der Winzer schafft mit dem Rebschnitt eine von ihm gewollte Balance zwischen Wüchsigkeit des Weinstockes und seiner Fruchtbarkeit.

Junger Trieb

Pflegearbeiten: Licht, Luft und Sonne sollen auf die Reben einwirken. Die hier beschriebenen Laubarbeiten können unterstützen:
· Ausbrechen der Wasserschosse – Kümmertriebe und zu dicht stehende Austriebe entfernen,
· Heften – grüne Triebe in die Stützvorrichtungen einhängen,
· Einkürzen – Triebe müssen eingekürzt werden, zehn Blätter pro Trieb sind ausreichend,
· Gipfeln – ab Mitte Juli überhängende zu lange Triebe einkürzen, eine zu dichte Laubwand erhöht die Pilzanfälligkeit,
· Entblättern – ab Anfang August werden zur besseren Reife Blätter in der Traubenzone entfernt.

Blattaustrieb

Düngung und Pflanzenschutz: Eine Bodenuntersuchung schafft Klarheit. Auf nährstoffarmen Böden ist von Mai bis Juli eine Düngergabe, Volldünger oder biologischer Dünger, hilfreich. Bei richtiger Laubarbeit kommen pilzwiderstandsfähige Rebsorten weitgehend ohne Pflanzenschutz aus. *Dr. Frank Pietsch*

Weinlese

Leben auf dem Friedhof

Da stehen sie. Vier Tomatenpflanzen, schön gerade gewachsen, begleitet von feinblättrigen Fenchelstauden. Alles voll im Kraut. Auf einem Grab. Wer diese Komposition entdeckt, bleibt stehen. Stutzt. Warum eigentlich nicht? Vielleicht hat diese ungewöhnliche Grabgestaltung ja sehr viel mit dem Verstorbenen zu tun. War er vielleicht Kleingärtner? Aß er gern Tomaten? Oder ging ihm das „Normale“ schon immer gegen den Strich? Einerlei – wie ein Grab aussieht, bestimmen die Angehörigen. Allerdings sollte es innerhalb von drei Monaten nach „Erwerb des Nutzungsrechts“ gestaltet werden, sagt die Friedhofsordnung von Berlin.

Schon in der Renaissance zählte die Akelei zu den Begräbnispflanzen. Wegen des gesenkten, nickenden Blütenkopfes gilt sie als Zeichen für Demut.

Ordnung muss sein

Der Gesetzgeber hat für seine 63 geöffneten landeseigenen Friedhöfe mit einer Fläche von rund 500 Hektar einige wenige Prämissen gesetzt. So darf eine Grabstätte nur mit solchen Pflanzen gestaltet werden, die nicht über andere Gräber wuchern. Und Verwelktes muss rasch runter vom Grab. Die Friedhofsordnung der evangelischen Kirche geht da noch weiter. Auf ihren 103 Friedhöfen (417 Hektar) sind zum Beispiel Einfassungen aus Kunststoff und Metall sowie Kies und Steine zum Auslegen nicht erlaubt. Pflanzschalen von mehr als 35 Zentimeter Durchmesser bedürfen der Zustimmung der Friedhofsverwaltung. Oft hat ein Friedhof zudem noch seine eigene Ordnung. So wie auch die 9 katholischen Friedhöfe mit 48 Hektar Fläche in der Hauptstadt. Meist hängt die Friedhofsordnung gut lesbar am Haupteingang aus. Generell aber – so steht es im Friedhofsgesetz für alle öffentlichen Friedhöfe Berlins – ist „die Verwendung von ...

nicht kompostierbaren Materialien bei der gärtnerischen Gestaltung von Grabstätten und der Trauerfloristik nicht gestattet". Kunststoffblumen also sind tabu. Aber wer will die schon?

Mix statt Monokultur

Und los gehts mit der Grabbepflanzung, der Kreativität sind keine Grenzen gesetzt. Also weg von den ewigen, langweiligen Eisbegonien, hin zum exotisch-schönen roten Fuchsschwanz und zu Physalis! Das sieht Olaf Tetzinski etwas anders. „Geranien, Buntblatt und Eisbegonien sind doch wunderschön. Und sie sind wirtschaftlich, weil sie lange halten und sich oft vom Frühjahr bis zum ersten Frost üppig blühend präsentieren. Alles spricht für diese Pflanzen. Aber nicht in Monokultur. Ich würde die einjährigen Blühpflanzen mit Stauden mischen. Mit Astern, Storchschnabel, dem Silberblatt zum Beispiel oder dem Rotblättrigen Silberglöckchen. Die adrette Farbstaude macht sich recht dekorativ als Bodendecker und mit den leuchtend rosa blühenden Eisbegonien mit ihrem roten Laub sieht das wunderbar harmonisch aus." Olaf Tetzinski weiß, wovon er spricht. Der Gärtnermeister und Heilpraktiker entwarf u. a. den Garten der Sternenkinder auf dem Alten St. Matthäus-Friedhof in Berlin-Schöneberg – mit vielen Symbolpflanzen wie bunten Erdbeeren, Frauenmantel, Pfingstrosen, Schneeglöckchen, Kleinem Storchschnabel und Staudigem Vergissmeinnicht. Und er bietet PflanzenErlebnisFührungen an, weiht seine Begleiter ein in die Geheimnisse der Pflanzen mit ihrer Symbolik, Mythologie und Heilkraft. Bei großen Grabstellen wie Familiengräber und für Erdbestattungen plädiert der Fachmann für einen wohl abgestimmten Mix aus unterschiedlichen Höhen und Strukturen. Feinblättrige Pflanzen wechseln sich ab mit großflächigem Blattwerk, unscheinbare Bodendecker mit prächtigen Gehölzen.

„Ein Friedhof ist das Werk hunderter Kleingärtner.

Olaf Tetzinski, Heilpraktiker und Gärtnermeister www.tetzinski.de

Eisbegonien leuchten.

Mutig pflanzen

Olaf Tetzinskis ganz persönliche Favoriten sind Milchstern, Krokusse, elfenhafte Blausternchen und Wildtulpen. Die zierlichen Frühlingsbegrüßer setzt er unter immergrüne Bodendecker wie Vinca Minor – die das ewige Leben symbolisieren. Mutig, aber schön findet der Gärtner die rotblühende Schafgarbe, den Waldmeister, das flaumige Gänsefingerkraut und die preiswerte und ergiebige Kapuzinerkresse. „Ungewöhnlich auf Gräbern, weil sie sehr hoch wachsen, aber sehr interessant sind Fingerhut, die kornblumenblaue Flockenblume, Phlox, Lavendel und auch die Malve. Überhaupt, die Malve hat es verdient, dass man sie wieder öfter sieht. Auch die Akelei ist eine wundervolle zweijährige Pflanze." Natürlich wird jeder so pflanzen, wie der Grabstein, das Kreuz, es vertragen. Zu einem kleinen liegenden Stein passen Bodendecker und kleinwüchsige Pflanzen, große Grabmale und Stelen lassen üppigere Bepflanzungen zu. Es geht aber auch umgekehrt. So sieht auf dem Urnengrab eine schlanke hohe Solitärpflanze gut aus – eine Sonnenblume zum Beispiel. Der Rest bleibt klein. Und wer mag, kann seine Kompositionen ergänzen mit Steinen, Muscheln, Engeln, ganz persönlichen Dingen. Wer das Grab eines Angehörigen nun völlig neu gestalten möchte und Anregungen sucht, der kann sich übrigens auch bei Landes- und Bundesgartenschauen umsehen. Denn die Grabgestaltung gehört zu den Themen der Leistungsschau deutscher Gärtner.

Die Malve hat es verdient, dass man sie wieder öfter sieht.

Doch kurz noch einmal zurück zum Silberblatt. Viele Grabpfleger reißen sie nach einem Jahr raus und pflanzen neu. Dabei ist die kleine Schwester der Sonnenblume zweijährig und wächst – wenn man sie lässt – zu einer eindrucksvollen Schönheit heran. Manch Berliner mag diese Ex-und-Hopp-Gärtnerei nicht und schaut unauffällig in die Abfallcontainer der Friedhöfe. Verblühte und achtlos weggeworfene Pflanzen werden liebevoll geborgen. So päppelte eine Kollegin eine Hortensie zu einer wahren Schönheit auf, die ein Grabgärtner einst entsorgte. Solche „Rettungstaten" jedoch werden nicht überall geduldet. Gut beraten ist, wer die Friedhofsverwaltung kurz informiert.

Alter St. Matthäus-Friedhof Berlin-Schöneberg

Die Tomatenpflanzen auf dem Grab tragen pralle rote Früchte. Vielleicht wollte die Familie mit diesen Pflanzen ja sagen, wie gern sie den Verstorbenen hatte? Denn schließlich ist die Tomate auch ein Symbol der Liebe ... *Marion Klotz*

Gärtnern in Gemeinschaft

Noch immer hält sich das Vorurteil, Gärtnern sei eine individualistische Nieschenveranstaltung. Etwas für Leute auf dem Rückzug ins Private, kurz: etwas für Spießer. Wer das behauptet, hat nie ein Laubenpieperfest im Vereinslokal erlebt. Seit jeher hat Gärtnern etwas mit Austausch von Wissen und Erfahrungen zu tun. Wenn dieser Austausch auch über unterschiedliche Herkunftsregionen hinweg stattfindet, dann hat Gärtnern viel mit Verstehenwollen, Verständnis und Integration zu tun.

Gemeinschaftsgärten in Berlin: mein, dein, unser Garten

Autorin:
Kerstin Stelmacher ist im Berliner Netzwerk von Gemeinschaftsgärten aktiv.

Man nehme ein Stück Stadtbrache, ein paar Leute, die Lust auf gemeinschaftliches Tun und selbstgeerntetes Gemüse haben, Gartengeräte und Werkzeuge, eine bunte Mischung Motivationen und Erfahrungen, Erde, Saatgut und eine ordentliche Portion Kommunikationskompetenz. Das Ganze in Nähe einer zuverlässigen Wasserquelle gedeihen lassen und niemals fertig, sondern stetig wachsend ist der Gemeinschaftsgarten. Ein Erfolgsrezept, auf dem wohl die meisten der inzwischen über 60 Gemeinschafts- und interkulturellen Gärten in Berlin beruhen. Und alle GemeinschaftsgärtnerInnen haben damit ihre ganz eigenen Erfahrungen des Gelingens und wohl auch mancher Hürden gemacht.

Gemeinschaftlich in der Stadt zu gärtnern, ist nichts Neues. Was Gemeinschaftsgärten besonders und auch neu macht, ist ihre große Vielfalt: kulturell, sozial, gestalterisch, organisatorisch und natürlich auch botanisch. Hinzu kommen die zunehmende Beliebtheit und Verbreitung dieser Gärten und damit einhergehend ihre inzwischen breit bemerkte Bedeutung für die Gestaltung von Stadtraum und Stadtgesellschaft. Nicht nur werden durch Gemeinschaftsgärten städtische Brachen belebt und gepflegt, wird so Natur in der Stadt für alle

Bohnen für die Marie – Kiezgarten auf der Marie

erleb- und gestaltbar gemacht, werden Flächen entsiegelt und ökologische Nischen geschaffen. Hier werden, ganz bewusst als politisches Engagement oder auch als Nebeneffekt beim Tun, zentrale Fragen zum (miteinander) Leben in der Stadt gestellt und vielfach beantwortet – zu sozialer und kultureller Vielfalt, partizipativer Stadtgestaltung, zu Eigentum, zum Umgang mit Ressourcen, zu (Eigen)Arbeit, Produktion und Konsum und zu gesellschaftlicher Teilhabe. In den meisten Gemeinschaftsgärten gelingt, was in vielen urbanen „Szenen" selten ist: die gleichberechtigte Teilhabe an Gemeinschaft unabhängig von sozialem Status, von kulturellem und Bildungshintergrund, von Alter und Geschlecht und (gärtnerischen) Vorkenntnissen. Gemeinschaftsgärten sind für alle da und sie sind so, wie ihre GärtnerInnen sind und wirken – vielfältig und voller Leben, wie Berlin eben auch.

Kooperatives Gemüse

Anfangs kann es vielleicht mal ein bisschen traurig sein: Da habe ich wochenlang die Saat gehegt und gepflegt, gegossen und gelockert. Habe die zarte Färbung der ersten Tomate an „meinem" Strauch gefeiert, und dann auf einmal ist sie geerntet. Doch das Prachtgemüse wäre wohl nicht so geworden, hätte meine Beetnachbarin nicht gegossen, während ich drei Wochen im Urlaub war, und zu der Kürbissuppe, die wir alle gemeinsam verspeist und gefeiert haben, hab ich keinen „eigenen" Kürbis beigesteuert und hab mich trotzdem satt gegessen ...

Teilen ist eines der grundlegenden Prinzipien im Gemeinschaftsgarten. Es verbindet die GärtnerInnen – ob als Bedürfnis, Anspruch oder auch aus Notwendigkeit. Neben der Arbeit, den Ressourcen und meistens der Ernte werden auch die Freude am Gärtnern, Erfahrungen und Wissen geteilt. Und dabei bleibt es längst nicht bei der Gärtnerei: erst neulich beim Allmende-Kontor. Nach der gemeinsamen Beratung über einen geeigneten Windschutz für die zarten Pflanzen landen zwei Beetnachbarinnen plötzlich in ganz anderen Lebensbereichen; erzählt

Arche im Allmende-Kontor

die eine, wie sie es geschafft hat, sich gegen eine Mieterhöhung zu wehren, gibt Tipps, wer bei solchen Problemen hilft. In Gemeinschaftsgärten wachsen neben Blumen und Gemüse kooperative Beziehungen, gedeihen neue Formen des Umgangs und der Kommunikation miteinander, sprießen Ideen, was man nicht noch alles gemeinsam machen könnte… Das passiert ganz nebenbei – egal, ob ich bewusst Stadtentwicklung mitbestimmen will, ob ich

Neue Berliner Allmende

Kartoffelernte neben der Siegessäule, 1946

Auf der Expo 2000 in Hannover gab es den Pavillon der Niederlande, in dem gezeigt wurde, wie Landwirtschaft sogar in einem Hochhaus funktioniert. Es ging um Schweinemast: auf dem Dach die Gülleverwertung und das Schlachthaus im Erdgeschoss.

Ein solches Agrarhochhaus ist das genaue Gegenteil der aus dem Mittelalter überlieferten Allmende, die, anders als private Flächen, allen Bewohnern eines Dorfes zur Verfügung stand. Als Weide, als Bleichfläche, als Versammlungsort... Auch heute gibt es in den Städten freie Flächen, die uns allen gehören. Weniger, um Kohl zu pflanzen oder Schafen Futter zu geben, sondern eher, um in der Freizeit auf verschiedenste Weise Erholung zu finden, sei es in historischen Parkanlagen, in Volksparks oder Botanischen Gärten. Flächen, die gärtnerisch genutzt werden, müssen allerdings privat oder gemietet sein. Außer vielleicht in Notzeiten wie kurz nach dem Krieg, da wurden im Tiergarten im großen Maßstab Lebensmittel angebaut.

Wie kommt es, dass – nach römischer Systematik – die res communes (Allmende) zugunsten der res privatae (privat) und der res publicae (staatlich) immer mehr eingeschränkt werden? Das Internet scheint noch die einzige Ressource zu sein, die ohne erkennbares Reglement dem Verständnis der Allmende folgt. Doch hier scheint die sogenannte „Tragik der Allmende" offenkundig: Die Weiten des virtuellen Netzes scheinen grenzenlos – die Ressourcen der Erde hingegen sind begrenzt. Die Tragik besteht im Umgang des Menschen mit diesen Gütern. Wie aber kriegen wir die Kurve von einer ausschließlich auf Freizeit ausgerichteten hin zu einer produktiven Nutzung? Einer Nutzung also, die der Erzeugung von Karotten oder Kartoffeln ohne lange Wege in Verbindung mit Naturerfahrung und Gesundheitsvorsorge dient. Sicherlich muss die Stadtgesellschaft hierfür Räume benennen, die als Schaufenster und Probebühne ihre Wirkung entfalten können. Dies wiederum kann nur in den Stadtquartieren selbst und in enger Abstimmung mit den Bewohnern stattfinden.

„Grün von produktiven Menschen für den Kiez" – ein Slogan, der in Berlin als Hauptstadt der Kleingärtner mit zahlreichen Initiativen zum urbanen Gärtnern weiterzuentwickeln wäre. *Dr. Michael Gödde*

Gemeinschaftsgarten im Görlitzer Park

meinen Neffen entdecken lasse, dass Kartoffeln nicht an Bäumen hängen, ob ich mich wenigstens teilweise selbst versorgen will oder ob ich einfach „nur“ mit allen Sinnen genießend mit den Händen in der Erde wühlen und sie danach an der Hose abstreifen will.

Die „eigene Scholle“ mag zwar garantieren, dass, wer sät, die Früchte auch für sich alleine ernten kann, setzt aber auch voraus, dass man kontinuierlich und regelmäßig im Garten arbeiten kann und meistens auch, dass man sich verbindlich an Regeln und Strukturen von Vereinen oder Verbänden halten muss. Heute ist dies für viele bei oftmals recht unsteten und teils prekären Lebensstilen gerade in urbanen Gesellschaften kaum praktikabel und kann auch abschreckend sein. Offene Strukturen, niedrigschwellige Beteiligungsmöglichkeiten, in der Gruppe verabredete minimale Regeln und ein hohes Maß an Selbstorganisation sind neben dem Genuss gemeinschaftlichen Tätigseins Vorzüge, die die Frage nach meinem und deinem Gemüse zweitrangig machen.

Gemeinschaftsgarten – wie funktioniert das?
Natürlich gibt es in der Praxis auch Konflikte: Ich selbst erinnere mich gut an die Diskussion, wie der kleine Kiezgarten im Prenzlauer Berg am besten aufgeteilt werden könnte. Muss jeder regelmäßig Beitrag zahlen für das Saatgut oder einen neuen Spaten? Es gab Befürchtungen, der

Die Gärtner und Pflanzen des Gemeinschaftsgartens Rosa Rose ziehen auf ein neues Gelände.

Garten könne zerstört und „geplündert“ werden, wenn er immer offen zugänglich ist. Und dann diese Buxbaumhecke um die Beete. Muss das sein? Als nach nunmehr 11 Jahren immer noch leidenschaftliche Gemeinschaftsgärtnerin wage ich zu behaupten: Die wichtigsten Gemeinschaftsgartenwerkzeuge sind Kommunikation und die Lust, etwas miteinander zu machen. Ohne die kann auch bei noch so fundiertem gärtnerischen Know-how kein Gemeinschaftsgarten dauerhaft gut funktionieren!

Ganz unterschiedlich werden solche praktischen Fragen gelöst. Es gibt Gärten, die einzelne Parzellen an festgelegte Gruppen oder Einzelpersonen gemeinschaftlich vergeben wie z.B. in den meisten interkulturellen Gärten oder im Gemeinschaftsgarten „Laskerwiesen“. Im Kiezgarten oder bei Rosa Rose machen alle alles. Wie viele mitmachen können, ergibt sich einmal daraus, aber auch aus der Flächen- und Gruppengröße. In Berlin schwankt das zwischen 5–900 GärtnerInnen bzw. zwischen 150m² des interkulturellen Gartens im Görlitzer Park und 5000 m² beim Allmende-Kontor auf dem Tempelhofer Feld.

Recht unterschiedlich ist auch, wie sich Gemeinschaftsgärten organisieren. Die meisten interkulturellen Gärten haben sich für eine Vereinsstruktur entschieden, was oft zwar auch intern begründet ist, weil Entscheidungsstrukturen klarer sind. Häufiger aber ist es einfach vorteilhaft oder gar notwendig gegenüber Behörden, Grundstückseigentümern oder Förderern. Andere Gärten sind offen organisiert ohne Körperschaftsform, entscheiden bei gemeinsamen Treffen mit denen, die da sind. Ebenso variiert, wie offen die Gemeinschaftsgärten sind – zeitlich wie räumlich. Da gibt es die „zaunlosen“ Kreuzberger „ToneSteineGärten“ oder jene mit Zaun geschützte, die aber über eine immer offene Pforte zugänglich sind wie die „Bunten Beete“ in Kreuzberg. Die meisten interkulturellen Gärten sind zwar abschließbar, aber, sobald gegärtnert wird, werden sie für alle geöffnet, so z. B. im Garten „Rosenduft“ auf dem Gelände des Gleisdreiecks. Dabei ist „Zaun oder nicht Zaun“ weniger eine Frage, die die GärtnerInnen immer selbst entscheiden können. Wenn ein Garten Teil einer öffentlichen Grünfläche ist, so wird meistens durch die Behörden eine Umzäunung ausgeschlossen. Die offene Pforte kann da selten überzeugen. Das liegt auch daran, dass sich Gemeinschaftsgärten als Flächennutzung in einer definitorischen Grauzone befinden und somit

Im Gemeinschaftsgarten Laskerwiesen hat jeder Gärtner sein kleines Gartenreich.

einer sehr individuellen bis willkürlichen Behandlung ausgesetzt sind. Im Kiezgarten sind jedenfalls bisher alle Fragen von Buxbaumhecke bis Tomatensorte unkompliziert geklärt worden. Was angebaut und gepflanzt wird, entscheiden alle miteinander beim Glühwein, wenn im Boden noch Frost ist. Bisher ist im Garten alles heil geblieben, obwohl er 24 Stunden für alle zugänglich ist. „Kein Zaun ist der beste Zaun!“ könnten wir behaupten, wissen aber, dass das nicht überall geht. Über dem Garten scheint eine unsichtbare Schutzglocke zu hängen: Er wird respektiert und von allen gut behandelt, oft ganz im Gegensatz zu der umliegenden Fläche. Wir glauben, hier zeigt sich, dass es anders geschätzt und geachtet wird, wenn es NachbarInnen wie du und ich sind, die sich um solch ein Stück Stadt kümmern, anstatt durch Pflege vom Amt. Jedes Frühjahr stoßen neue GärtnerInnen zum Garten, andere verlassen die Gruppe, weil sie umziehen, Familie gründen oder doch zu wenig Zeit haben. Einmal im Jahr gibt es ein gemeinsames Essen, natürlich aus eigener Ernte. Die Buxbaumhecke finde ich zwar immer noch nicht so toll, aber irgendwie bringt sie mich auch ein bisschen zum Schmunzeln.

Anstiftung – Gemeinschaftsgärten selber machen

Wer mitmachen will im Gemeinschaftsgarten, sollte sich vorab ein paar Fragen beantworten:

- Was ist eigentlich meine Motivation? (vordergründig politisch, gärtnerisch,...)

Gemeinschaftsgarten Laskerwiese

- Welche Entfernung zum Garten ist günstig?
- Wie viel Zeit, Kraft, andere Ressourcen kann/will ich einbringen?
- Möchte ich eine „eigene" kleine Parzelle oder lieber „alle machen alles"?
- Sind mir verbindliche Strukturen wichtig (Verein) oder brauche ich offene Strukturen?
- Verkrafte ich, wenn meine selbst gepflanzte Tomate zur Hälfte abgeerntet ist, will ich mich an Gemeinschaftsbeeten bedienen können?

Je nachdem kann man sich auf die Suche nach einem geeigneten bestehenden Gemeinschaftsgarten machen. Natürlich verschafft ein persönlicher Besuch in den Gärten den wohl authentischsten Eindruck. Hier macht es manchmal Sinn, vorab Kontakt aufzunehmen und sich zu verabreden, falls der Garten nicht immer geöffnet ist oder man mit Gemeinschaftsgärtnern sprechen will.

Aber natürlich will dieser Beitrag auch anstiften, neue Gemeinschaftsgärten in Berlin (und anderswo) zu gründen! Der erste hier empfohlene Schritt dafür ist, Kontakt mit aktiven GemeinschaftsgärtnerInnen aufzunehmen. Das Erfahrungswissen anderer ist wohl der beste Einstieg zur Gründung eines neuen „urbanen Ackers". Es kann verhindern, dass alte Fehler sich wiederholen und das Rad neu erfunden wird. Im besten Fall findet man Aktive in dem Bezirk, in dem man einen

www.urbanacker.net
Internetplattform zu interkulturellen und Gemeinschaftsgärten und urbaner Landwirtschaft, hier kann man zunächst virtuell eine große Bandbreite von Berliner Gemeinschaftsgärten besuchen.

www.stiftung-interkultur.de
unterstützt bundesweit interkulturelle und Gemeinschaftsgärten und gibt einen Überblick über interkulturelle Gemeinschaftsgärten.

neuen Garten starten möchte (Bezug zur gleichen Verwaltung). Wichtige Fragen wären hier z. B.: Wie ist man an die Fläche gekommen, wer war besonders kooperativ in der Verwaltung oder anderen unterstützenden Einrichtungen, wer eher bremsend oder verhindernd,

Kiezgarten in der Schliemannstraße

wie hat man MitstreiterInnen gefunden, wie ist man an Ressourcen gekommen (Wasser, Erde, Saatgut, Geräte), wie ist der Garten und die Gruppe organisiert, welche Hürden gab es?

Hilfe, einschlägige Ansprechpartner zu finden, Beratung und Vernetzung für neue und bestehende Garteninitiativen leistet das Allmende-Kontor (www.allmende-kontor.de), ein Netzwerkprojekt, in dem sich viele, meist langjährig erfahrene GärtnerInnen aus verschiedenen Berliner Gemeinschaftsgärten engagieren. Hier bekommt man Hinweise und jede Menge Erfahrungswissen zum Vorgehen, zu Vorteilen und Hindernissen bei der Gründung eines Gemeinschaftsgartens. Zum Anfassen und Mitmachen gibt es viel davon beim Gemeinschaftsgarten des Allmende-Kontor auf dem Tempelhofer Feld.

Stadt bepflanzen – mehr Beete für Berlin
Der nächste Schritt ist die Suche nach einer geeigneten Fläche. Auch darin, wie dies gelingt, spiegelt sich die Vielfalt der Stadt – seiner Akteure, seiner Engagementtraditi-

onen, seiner Stadtentwicklungspolitik und seiner Verwaltungen. Die GärtnerInnen eines der bekanntesten Gemeinschaftgärten in Berlin, „Rosa Rose“ in Friedrichshain, haben vor allem durch ihren langwierigen Kampf um den Gartenstandort wichtige Schritte für andere Garteninitiativen und Zeichen für die Akzeptanz von Gemeinschaftgärten gesetzt. Zwar musste „Rosa Rose“ den Standort wegen eines privaten Bauvorhabens räumen und zog mit seinen Pflanzen per Fahrrad auf Ersatzflächen und zu befreundeten Gemeinschaftsgärten. Doch schließlich haben die GärtnerInnen einen neue Fläche finden können – durch erfolgreiche Kommunikation und Kooperation mit der Verwaltung und mit breiter zivilgesellschaftlicher und politischer Rückendeckung. Das A und O für die Initiativen bei der Flächenfrage und darüber hinaus ist daher eine gute und kontinuierliche Verständigung auf Bezirks- und Senatsebene und die Bereitschaft zu Kooperation auf beiden Seiten. Gemeinschaftsgärten schaffen und bewahren Werte für die Stadt, die monetär schwer zu messen

Kiezgarten in der Schliemannstraße

Die IGA Berlin 2017 weist Wege

Welche Bedeutung haben Freiflächen in einer Großstadt? Sind sie ein vorübergehendes Phänomen bis zur nächsten Bebauung oder bleiben sie auf Dauer ein wichtiges Element des Stadtlebens? Berlin ist nicht gerade arm an Grünflächen – auch großen. Der Tiergarten erfüllt eine sehr wichtige Funktion als „grüne Lunge" genau zwischen City Ost und City West. Während dieses Gelände eine historische Entwicklung hinter sich hat, ist Berlin quasi „über Nacht" eine neue riesige Grünfläche hinzugewachsen: der ehemalige Flughafen Tempelhof, deutlich größer als der Tiergarten, in unmittelbarer Nachbarschaft zu einer der dichtest besiedelten Wohngebiete der Stadt. Die in den nächsten Jahren entstehende, aber jetzt schon für Besucher geöffnete Parklandschaft Tempelhof mit ihren rund 2,5 Quadratkilometern zählt zu den größten innerstädtischen Freiräumen der Welt.

Die Antwort auf die Frage, was mit einem Freiraum geschehen soll, hat mit der Internationalen Gartenausstellung 2017 auf diesem Gelände bereits eine klare Richtung: Die IGA fragt nach der Rolle von Freiflächen in einer verdichteten Stadt. Es geht dabei um die gärtnerische, landschaftsarchitektonische und künstlerische Gestaltung Berlins und darum, wer die Akteure in diesem Prozess sind. Und immer wieder geht es um ästhetische und ökonomische Nachhaltigkeit. Grün- und Freiflächen werden in der Stadt der Zukunft Plattformen eigenverantwortlichen Handelns und eine Bühne für Pioniere, Vereine und Initiativen. Sie sind also nicht mehr nur Fluchträume aus dem Grau der Stadt, sondern werden ihr integraler Bestandteil. Die IGA wird gleichzeitig eine Garten-, Freiraum- und Stadtausstellung sein und sich nicht auf ein Kerngelände beschränken. Sie wird sich in die Tempelhofer Freiheit und in die Stadt hinein öffnen. Mehr als 200 Hektar des riesigen Tempelhofer Areals bleiben auch während der Gartenausstellung frei zugänglich.

Die IGA Berlin 2017 wird allen Interessenten die Möglichkeit bieten, diese Entwicklung zu verfolgen: Schon fünf Jahre vor ihrer Eröffnung finden erste Veranstaltungen statt und es startet ein dialogorientierter Internet-Auftritt. Eine intensive Bürgerbeteiligung wird ein wichtiges Element des Prozesses der Entstehung dieses neuen Parks sein.

und auszudrücken sind und sind daher kaum konkurrenzfähig im zunehmend am Geldkapital orientierten Kampf gerade um innerstädtische Flächen.

Stadtpolitik und Verwaltung erkennen zunehmend diese Wertschöpfung von Gemeinschaftsgärten für städtische Räume und soziale Beziehungen. Demzufolge wäre es an der Zeit, den Zugang zu geeigneten Flächen zu erleichtern und möglichst dauerhaft zu gewährleisten. Auf dass mehr Beete für Blumen, Gemüse und Gemeinschaft in der Stadt entstehen können.

Gemeinschaftsgärten bewegen
... denn sie beleben und gestalten urbane Räume, sie schaffen neue grüne Orte und Zugänge zur Stadtnatur, sie ermöglichen Teilhabe an der Stadtgestaltung für alle. Sie beleben und fördern Kommunikation und Kooperation zwischen GärtnerInnen, mit Verwaltung, Forschung und Politik und beteiligen sich so an neuen Formen kooperativer und partizipativer Stadtentwicklung.

Gemeinschaftsgärten sind genauso „unparadiesisch“ mit all ihren Konflikten wie andere Gärten auch, aber eben auch mindestens genauso körperlich uns seelisch wohltuend, kreativ und bedeutsam für den ganzen Stadtraum und seine Bewohner. Ich jedenfalls habe über den kleinen Gemeinschaftsgarten im Prenzlauer Berg viele andere Gärten und GärtnerInnen in Berlin und bundesweit kennengelernt. Habe gemeinsam mit ihnen neue Ideen geschmiedet, und schließlich haben wir gemeinsam das Allmende-Kontor auf dem Tempelhofer Feld initiiert, und mit inzwischen über 900 Leuten gedeiht es prächtig – sein Garten, seine Gemeinschaft und seine Vision, gemeinsam Stadt zu gestalten. Auch wenn das Allmende-Kontor wie viele Garteninitiativen zunächst nur temporär verortet ist, seine Idee und das Engagement sind zeitlich unbegrenzt und räumlich flexibel. Es werden mehr Gärten in der Stadt entstehen und alle können Teil davon sein. *Kerstin Stelmacher*

“ Dumme rennen,
Kluge warten,
Weise gehen in den
(Gemeinschafts)Garten.

Rabindranath Tagore, leicht geändert

Die Autorin bei der Kartoffelernte im Allmende-Kontor

Tulpen mit orientalischem Migrationshintergrund

Autorin:
Mely Kiyak lebt und arbeitet als Publizistin in Berlin

Es gibt solche und solche Blüten. Wäre die deutsche Sprache ein Garten, dann wäre das Wort „interkulturelle Gärten" eine besondere Stilblüte. Denn was sonst, als interkulturell, kann ein Garten sein? Ist es nicht die Besonderheit von Gärten, dass sich die Kulturen mischen, dass Pflanzengesellschaften gebildet werden, dass ein Garten nur deshalb ein Garten ist, weil er gemischt kultiviert wird, denn das Gegenteil von Mischkultur ist Monokultur, und wer würde Letzteres als einen Garten bezeichnen?

Alle Kulturen der Erde hatten durch alle Jahrhunderte hindurch Gärten, weshalb das Gärtnern wohl zu den ältesten Kulturformen des Menschen gehört. Unter diesem Aspekt erscheint es natürlich noch viel verwunderlicher, dass der moderne Mensch sein genetisches Programm so ohne weiteres durch einen Gang in den Supermarkt ausgetrickst hat. Obwohl: Nicht jeder Ägypter wird seine Maulbeeren vor 5000 Jahren selber angebaut haben, der eine oder andere hat sie vielleicht einfach im damaligen Straßendiscounter, dem Basar, eingekauft. So oder so will die Autorin dieser Zeilen sagen: Gärtnern ist Kultur. Wer aber würde auf die Idee kommen, das Bewirtschaften von Gärten als „kulturelles Gärtnern", den Garten als „globalisierten Ort internationaler Beziehungen" zu bezeichnen?

Noch bevor die Tulpe Holland und damit ganz Europa eroberte, nahm sie schon eine bedeutende Rolle in der osmanischen Gartenkultur ein.

Der Garten ist ein Ort, an dem sich die Kultur des Menschen und die Migrationsbewegungen von Blumen, Kräutern, Bäumen, Obst und Gemüse treffen. Weil Menschen und Tiere sich fortwährend bewegen und reisen, bewegen sich auch Gräser, Pollen und Samen. Und manchmal hilft der Mensch kräftig nach, indem er als Pflanzenjäger, Kreuzfahrer oder Blumensamendieb im Urlaub eine Pflanze von einem Ort zum nächsten bringt und kultiviert. Wären alle Menschen und alle Pflanzen unter sich geblieben, dann gäbe es in heimischen Gärten vielleicht nur Haselnusssträucher und woanders nur Kakaobäume, stattdessen blühen nun überall Tulpen

und Krokusse, und das allein ist schon ein interkultureller Garten, wenn Herr Meier oder Frau Müller im Herbst Zwiebeln im Boden versenken und sich im Frühling an den Frühblühern mit orientalischem Migrationshintergrund erfreuen.

Allen vorangegangenen Erläuterungen zum Trotz interessiert natürlich, was es auf sich hat mit den „interkulturellen Gärten“, die deutschlandweit in Gemeinschaft mit Behören oder Stiftungen oder anderweitigen Trägern realisiert werden? Die „Stiftung Interkultur“, die bundesweit 100 interkulturelle Gärten in ganz Deutschland koordiniert, führt in einer Übersicht 21 Berliner Gärten auf, die dem Prinzip eines neuen Verständnisses von gesellschaftlichem Miteinander folgen. Diese Gärten sind aus einem politischen Verständnis heraus entstanden, das man vielleicht am besten mit dem Begriff „Wurzeln schlagen“, wie ein Buchtitel zum Thema heißt, umschreiben kann. Nicht immer stimmen bei solchen Gartenprojekten die Begrifflichkeiten von Einheimisch, Fremdheimisch, Zugezogen. In manchen Gartenprojekten sind Studenten, die aus Deutschland und der Welt kommen, in anderen Projekten geht es um Asylbewerber, mit denen man Gärten bewirtschaftet, und manchmal geht es auch einfach darum, dass dort, wo Menschen mit Wurzeln aus vielen Ländern, die ohnehin einen Stadtteil miteinander teilen, auch einen Garten teilen. Aus Lust und Liebe zu frischer Luft, knackigem Gemüse und ab und zu einem Nickerchen unter einem schattigen Baum.

Stiftung Interkultur: Sie berät unter anderem bei der Einrichtung von neuen Gärten, fördert Projekte, erforscht die Projektpraxis und veranstaltet Netzwerktreffen.
www.stiftung-interkultur.de

Mangold passend zur Farbe der Gießkanne? Bitte sehr.

Türkays Garten

Türkay Bali ist Rechtsanwältin. Ein Beruf, den man wahrlich nicht mit frischer Luft verbindet. Vor allem, wenn man wie sie auf Familienrecht spezialisiert ist. Zur aktenstaubgeschwängerten Luft in der Kanzlei kommt die dicke Luft dazu. Denn zum Scheidungsanwalt geht man in der Regel, wenn schon alles gelaufen ist. Balis Mandantinnen stammen zu einem Großteil aus der Türkei. Scheidung auf Türkisch – das ist Türkays tägliches Brot.

Letzten Sommer hatte Türkay jede Menge grüner Stangenbohnen. Für ihre drei Schwestern bedeutete das, dass sie täglich mit Einladungen zu Bohneneintöpfen rechnen mussten. So warnte Türkays große Schwester die Besucherin vor dem Besuch im Garten: „Sie wird sicherlich versuchen, ihre Bohnen loszuwerden". Genau so war es. Die Bohnen nahmen gleich im ersten Telefonat nach der höflichen Begrüßungsformel die Hauptrolle ein. „Bringen Sie bitte einen Beutel mit. Ich möchte Ihnen grüne Bohnen mitgeben. Sie schmecken dieses Jahr besonders gut".

Treffpunkt vor Europas größter Berufsschule, Skalitzer, Ecke Wrangelstraße. In den Medien wird dieser Teil Kreuzbergs als sozialer Brennpunkt beschrieben, als handele es sich um die New Yorker Bronx der achtziger Jahre. Dabei ist Berlin eine der sichersten Hauptstädte der Welt. Vor allem anderen ist sie eine der grünsten Metropolen. Berlin ist eine Stadt, in der die Alleen zu Recht diese Bezeichnung tragen, denn rechts und links fast aller Straßen wachsen Bäume.

Als Türkay vor einigen Jahren von dem Gartenprojekt „Bunte Beete" erfuhr, ließ sie sich gleich auf eine Warteliste setzen. Sie wohnt am Görlitzer Park, also ganz in der Nähe des Gartens. Als es endlich klappte, freute sie sich vor allem auf das gemeinsame Beieinandersitzen im Garten. 30 Gleichgesinnte mit Wurzeln aus 10 Ländern teilen sich ein 1.200 m^2 großes Grundstück, das hinter der Berufsschule liegt. Jeder Gärtner hat eine eigene Parzelle, die wie ein Tortenstück angeordnet ist. Wie auf einem Dorfplatz steht stark und prächtig eine Kastanie, darunter ein

paar Stühle. Im Spätsommer hört man vom angrenzenden Fußballplatz die Stimmen der jubelnden Fans, und auf ein kräftiges Rauschen folgt ein Regen aus abfallenden Kastanien.

Früher wurde gegrillt, die Gärtner brachten Freunde mit, das gefiel nicht jedem. Das Grillen wurde abgeschafft und ein Lehmofen gebaut. Türkay hat bislang nur wenige Male erlebt, dass der Ofen für Flammkuchen oder Pizza in Betrieb genommen wurde. Miteinander gärtnern ist wie miteinander wachsen. Nicht alle Pflanzen haben gleiche Bedürfnisse, das ist bei Menschen nicht anders. Türkay hat sich an dem Trubel, der an Grillnachmittagen herrschte, nie gestört. Das reizvollste Argument für einen Gemeinschaftsgarten war für sie die Geselligkeit. Andere wiederum benötigten nach einer anstrengenden Arbeitswoche Erholung und Ruhe. Es handelt sich hierbei wohl um eine Mentalitätsfrage.

Passt gut in einen interkulturellen Gemeinschaftsgarten: Mit dem Lehmofen backen schon seit Urzeiten die verschiedensten Völker rund um den Globus.

Im Projekt „Bunte Beete“ wird ökologisch gegärtnert. Niemand darf anorganische Dünger oder chemische Mittel einsetzen. Einmal im Jahr versucht die Gemeinschaft, Tierdung aufzutreiben. Man merkt dem Garten die unterschiedlichen Talente seiner Gärtner und Gärtnerinnen an. Als Türkay ihre Parzelle übernahm, wuchsen auf ihrem Feldchen Erdbeeren. Außerdem erbte sie vom Vorbesitzer einen Lavendelstrauch, den sie weiter pflegt. Sie grub das Feld um und versuchte sich an Gemüse und Kräutern. Ihr Feld grenzt unmittelbar an eine Himbeerhecke an. Sie ist aber so beschäftigt mit dem Ernten ihrer schwarz- und grünhülsigen Bohnen, dass sie gar nicht bemerkt, dass unter dem dichten Bohnenlaub wunderbare, aromatische Erdbeeren gedeihen. „Ach, wirklich?“, lacht sie, bückt sich und erntet zwei Früchte, von der sie die größere der Besucherin anbietet.

Die Veilchen haben sich von alleine ausgesät, den Mangold hat sie bereits geerntet, die orangefarbenen Ringelblumen leuchten. Vom Beet ihrer Freundin, die derzeit eine Gesundheitskur macht und deren Parzelle sie mitbetreut, hat Türkay einen grünen, essbaren Kürbis mitgebracht. Sie legt ihre Erträge auf einen Baumstammhocker. Ein Stillleben – mitten in der Hauptstadt.

Türkay ist ein „Kofferkind“. Wie hunderte von anderen türkischen Gastarbeiterkindern hat sie einige Jahre bei ihren Großeltern in der Heimat der Eltern verbracht. Die Kinder wurden bei den Großeltern „abgeliefert“, weil die Gastarbeiter davon ausgingen, dass sie nach spätestens vier Jahren ohnehin in die Türkei zurückkehren würden. Da die Sehnsucht zwischen Kindern und Eltern der gutgemeinten Planung nicht standhielt, reisten diese Kinder zwischen der Türkei und Deutschland hin und her, immer mit einem Koffer in der Hand und Trennungsschmerz im Gepäck. Für Türkay allerdings zählen ihre türkischen Jahre zu den schönsten ihrer Kindheit. Sie war ein glückliches Kofferkind.

Ein ganz besonderes Veilchen ist das Wilde Stiefmütterchen. Wahrscheinlich ist es der Urahn des größeren Gartenstiefmütterchens.

Von ihren Großeltern aus Malatya lernte Türkay den Gemüseanbau. Die heute 44-Jährige greift beim Gärtnern auf ihre Erfahrungen aus der Kindheit zurück. Sie wurde endgültig nach Deutschland geholt und sah ihren Eltern zu, die abends nach ihrem Dienst als Reinigungskräfte im Krankenhaus einen Garten bewirtschafteten. Vielleicht ist das der Grund, weshalb sie ihre Parzelle ganz selbstverständlich als Gemüsebeet und Treffpunkt mit Freunden und nicht als Oase der Stille betrachtet. Gärtnern ist Entspannung, sicher, auch kann ein Garten den Menschen ernähren, er ist aber vor allem anderen ein Ort der Freude. Diese Einstellung hat sie von ihrer Familie übernommen. Wilde Rauke, ein Salat, der in den letzen Jahren in Deutschland als Ruccola bekannt und beliebt wurde, ist eine Pflanze, die auch in Türkays anatolischer Heimat bekannt ist. Dort klingt das Kraut ganz ähnlich: roka. Alle Menschen kennen das; die Geschmäcker der Kindheit, die es wiederzufinden gilt, um sie im Geschmacks-

gedächtnis zu konservieren. Für Türkay ist jede im Garten gepflückte Tomate ein Versuch, den Geschmack aus glücklichen Zeiten wiederzubeleben.

Türkay kommt mit ihrer Nachbarin, die aus Lateinamerika stammt, ins Gespräch. Die Nachbarin erntet gerade Kräuter, dabei fliegt ein frischer zitroniger Duft durch die Luft. „Wie heißt das noch gleich", fragt Türkay ihre Nachbarin. Die Nachbarin überlegt und kommt nicht auf den Namen, Türkay rätselt mit. So grübeln und graben sie gemeinsam in der deutschen Sprache; zwei weit gereiste Frauen, deren Haare in der tiefen Nachmittagssonne wie polierte Auberginen glänzen.

Die Besucherin hat an diesem Nachmittag viel gelernt. Nämlich, dass Bienenkästen vor einer Graffitiwand eine ganz eigene Poetik entwickeln, und dass mitten in Berlin ein Feigenbaum wächst. Dass wahres Zusammenleben von Menschen mit unterschiedlichen Wirklichkeiten und Realitäten keine Rolle mehr spielt, wenn man gemeinsam ein Stück Erde zum Blühen bringt, und dass das wahre Glück darin liegt, ein Wort zu suchen, das, wenn man es endlich gefunden hat, Erleichterung verschafft – wie ein kühles Lüftchen in einem Kiezgarten, versteckt hinter Häuserfassaden und Schmaus nicht nur für Nase, sondern auch Ohren: Zitronenmelisse. *Mely Kiyak*

Bienenstöcke vor Graffiti? Das Völkchen stört es nicht.

Steht die Feige an einer südseitigen Mauer, kann sie unsere harten Winter gut überstehen.

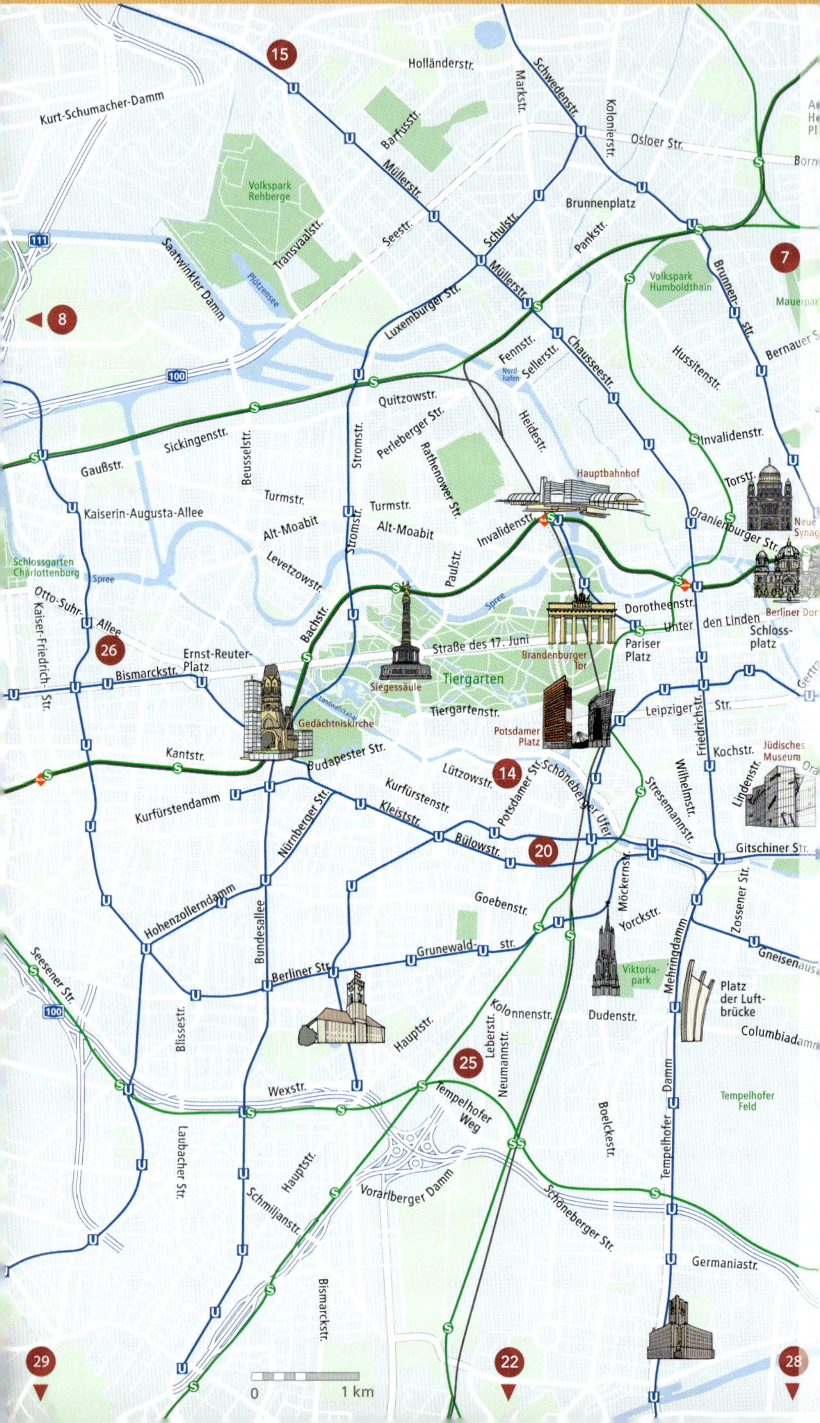

15
Holländerstr.
Kurt-Schumacher-Damm
Markstr.
Schwedenstr.
Koloniestr.
Osloer Str.
Barfusstr.
Volkspark Rehberge
Müllerstr.
Brunnenplatz
Seestr.
Schulstr.
Pankstr.
Transvaalstr.
Saatwinkler Damm
Plötzensee
Müllerstr.
Volkspark Humboldthain
7
Brunnenstr.
Mauerpar
8
Luxemburger Str.
Fennstr.
Sellerstr.
Chausseestr.
Nordhafen
Hussitenstr.
Bernauer S
Quitzowstr.
Heidestr.
Sickingenstr.
Beusselstr.
Stromstr.
Perleberger Str.
Invalidenstr.
Gaußstr.
Rathenower Str.
Hauptbahnhof
Torstr.
Turmstr.
Kaiserin-Augusta-Allee
Turmstr.
Alt-Moabit
Alt-Moabit
Invalidenstr.
Oranienburger Str.
Neue Synag
Schlossgarten Charlottenburg
Spree
Levetzowstr.
Paulstr.
Otto-Suhr-Allee
Spree
Dorotheenstr.
Bachstr.
Unter den Linden
Berliner Dor
Kaiser-Friedrich-Str.
26
Ernst-Reuter-Platz
Straße des 17. Juni
Brandenburger Tor
Pariser Platz
Schloss-platz
Bismarckstr.
Siegessäule
Tiergarten
Gedächtniskirche
Tiergartenstr.
Leipziger Str.
Friedrichstr.
Potsdamer Platz
Jüdisches Museum
Kantstr.
Budapester Str.
Lützowstr.
14
Schöneberger Ufer
Kochstr.
Stresemannstr.
Wilhelmstr.
Lindenstr.
Kurfürstendamm
Kurfürstenstr.
Potsdamer Str.
Nürnberger Str.
Kleiststr.
Bülowstr.
20
Gitschiner Str.
Goebenstr.
Möckernstr.
Zossener Str.
Hohenzollerndamm
Yorckstr.
Bundesallee
Grunewaldstr.
Gneisenaus
Seesener Str.
Berliner Str.
Viktoriapark
Mehringdamm
Platz der Luftbrücke
100
Kolonnenstr.
Dudenstr.
Blissestr.
Columbiadamm
Leberstr.
Hauptstr.
25
Neumannstr.
Wexstr.
Tempelhofer Weg
Tempelhofer Feld
Laubacher Str.
Tempelhofer Damm
Boelckestr.
Hauptstr.
Schmiljanstr.
Vorarlberger Damm
Schöneberger Str.
Germaniastr.
Bismarckstr.
29
0
1 km
22
28

Gemeinschaftsgärten in Berlin (Auswahl)

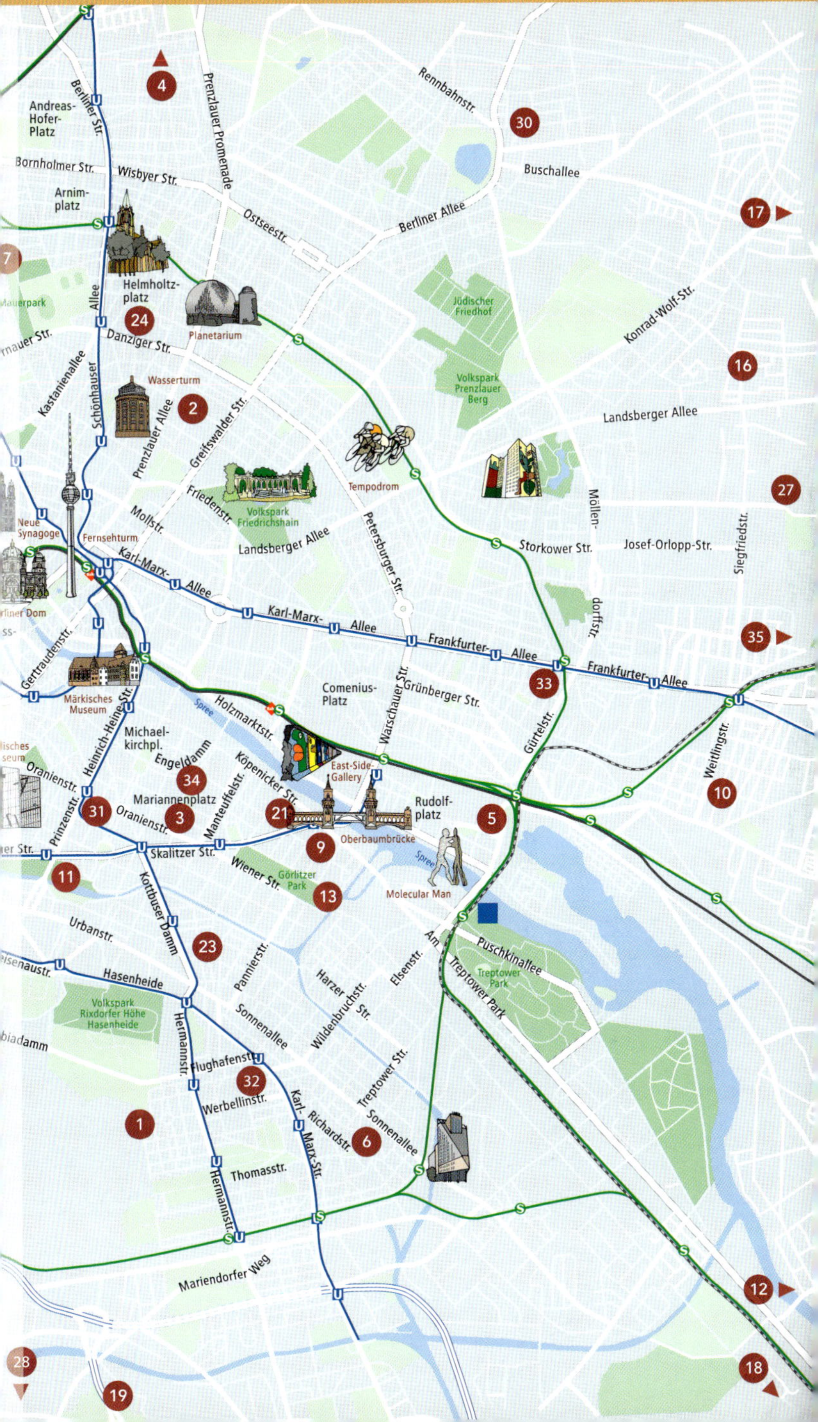

Diese Auswahl an Berliner Gemeinschaftsgärten und Gartenprojekten soll helfen, einen passenden Platz zum Mitgärtnern in der Nähe zu finden.

1 Allmende-Kontor
Tempelhofer Feld, Zugang über Neuköllner Kiez, Eingang Oderstraße, Gesamtfläche 5.000 m², über 300 Hochbeete mit ca. 900 GärtnerInnen aus der Nachbarschaft und aus ganz Berlin, Garten, Beratung, Lernort, Vernetzung.
Allmende-Kontor c/o workstation,
Laskerstr. 6-8, 10245 Berlin
www.allmende-kontor.de

2 Bohnen für die Marie
Aufgrund eines Workshops mit Anwohnern im Jahre 1997 wurde aus einer Brache ein einzigartiger Stadtplatz. Der dort befindliche Kiezgarten wird von den Anwohnern gepflegt.
Freundeskreis Marie e.V.,
c/o Constanze Siedenburg
Marienburger Str. 47, 10405 Berlin

3 Bunte Beete
Wichtigstes Motiv: Verständigung von Menschen unterschiedlicher ethnischer, sprachlicher und kultureller Herkunft
Bunte Beete e.V. - Interkult. Garten
Berlin-Kreuzberg, c/o Ulrich Ernitz
Naunynstr. 65, 10997 Berlin
Ulrich Ernitz, Tel. 030 6158173
Jürgen Jopia-Kuhr, Tel.: 030 2913952
buntebeete@gmail.com
http://buntebeete.wordpress.com/

4 Bunter Garten Buchholz
Neben gemeinschaftlichen Einrichtungen wie Gerätehaus, Kräuterspirale, Kompost, Brunnen, Biotoilette und Teich gibt es 20 Parzellen von ca. 30 m² Größe.
Karl-Ludwig Hoffmann
karlludwighoffmann@googlemail.com,
bunter.garten.buchholz@googlemail.com
Gartenhandy: 01577 4700768

5 Bürgergarten Laskerwiese
Nähe Ostkreuz, 3.600 m², 35 Parzellen, die individuell genutzt werden können, umzäunt, aber

mit offener Pforte, viele Kinder sind dabei.
Sabine Friedler, Jugendclub E-Lok, oder Dr. Gerlinde Parchmann
Tel. 030 29772610,
Laskerstr. 6 – 8, 12045 Berlin
laskerwiese@web.de
http://laskerwiese.blogspot.com/

6 Garten der Poesie

Wer im „Garten der Poesie“ ein Projekt entwickeln möchte, was im weitesten Sinne mit Sprache zu tun hat und im engeren mit Poesie, ist willkommen.
Kirchgasse 5, 12043 Berlin
Eingang neben dem Alten Böhmischen Schulhaus,
netzwerk stadtraumkultur e.V.
Luckauer Str. 5, 10969 Berlin
Tel. 0176 51777266
stadtraumkultur@googlemail.com
Sprecherin: Manal Seifeldin
manal-9@live.de

7 Garten im Moritzhof

Im kleinen aber feinen Garten werden Kräuter, Gemüse und Blumen angebaut. Gemeinsam mit den Kindern werden die Beete bestellt, gesät, gepflegt und geerntet.
Jugendfarm Moritzhof
Schwedter Str. 90, 10437 Berlin
Tel. 030 44024220
moritzhof@netzwerkspielkultur.de

8 Gemeinschaftsgarten Am Burbacher Weg Spandau

Gesellschaftliches Engagement der Anwohner unterschiedlicher Kulturen und unterschiedlichen Alters soll gefördert werden.
Gemeinschaftsgarten Berlin-Spandau
c/o Michael Fleischhauer
Spekteweg 49, 13583 Berlin
Tel. 0179 4480539
mi.fleischhauer@web.de

9 Generationengarten Wrangelkiez

Der Garten wird gemeinsam von Senioren und Kindern aus Kindertagesstätten bearbeitet.
Generationengarten
c/o Seniorenfreizeitstätte
Falckensteinstr. 6, 10997 Berlin
Tel. 030 22503230
begegnungsstaette@falkensteinstrasse.de
oder Koordinationsbüro
Generationengärten planwerkstatt
Schlesische Str. 29/30, 10997 Berlin
info@planwerkstatt-berlin.de
www.generationengaerten.de

10 Grüne Weiten

Der Nachbarschaftsgarten bestand ehemals aus mehreren Höfen, die brach lagen. Die Bewohner „leben ein gemeinschaftliches Wohn- und Lebenskonzept“, dessen zentraler Bestandteil der Nachbarschaftsgarten ist. Die Bepflanzung folgte dem Motto „einheimisch und essbar bzw. verwertbar“.
Wönnichstraße, Berlin-Lichtenberg

11 Interkultureller Bio-Garten Kreuzberg

Am Statthaus Böcklerpark gärtnern Anwohner, Kitas, eine Grundschule und Bürger-Initiativen nach ökologischen Richtlinien, Kunstdünger und Pestizide sind nicht erlaubt.
Dr. Turgut Altug, Projektleiter
Türkisch-Deutsches Umweltzentrum
Prinzenstr. 23, 10969 Berlin
Tel. 030 69535293
t.altug@tdz-berlin.de

12 Interkultur. Garten Altglienicke

Die Herkunftsländer der Gärtner sind Russland, die Ukraine, Kasachstan, Aserbaidschan, Turkmenien und Deutschland.
Förderverein Lokale Agenda 21
Treptow-Köpenick e.V.
Alexander Rückl, Klaus Wazlawik

Rudower Str. 51, Berlin 12557
Tel. 030 6557561
buero@agenda21-treptow-koepenick.de

13 Interkultureller Garten auf dem Kinderbauernhof Görlitzer Park
14 Familien aus verschiedenen Ländern bewirtschaften den ca. 200 m² großen Garten.
Dr. Turgut Altug, Projektleiter
Türkisch-Deutsches Umweltzentrum
Prinzenstr. 23, 10969 Berlin
Tel. 030 69535293
t.altug@tdz-berlin.de

14 Interkultureller Garten City im Familiengarten
Das Gelände wird von Jung und Alt genutzt; tagsüber stehen die Tore offen, und für die Abende und fürs Wochenende können Familien und Gruppen z.B. für ein Picknick, für einen Kindergeburtstag oder für regelmäßige sportliche Aktivitäten Schlüssel bekommen.
Interkultureller Garten City
c/o FiPP e.V., Kinder- und Jugend-Treff-Punkt, Kluckstr. 11, 10785 Berlin
Tel. 030 25797863
Feti Bayram, Tel.: 0178 7510635
fetibayran@gmx.de

15 Interkultureller Garten der Generationen Mitte
Im Schul-Umwelt-Zentrum Mitte stehen acht Familien neben einer Gemeinschaftsfläche jeweils 20 m² Gartenfläche zur Verfügung.
Interkultureller Garten
Helmut Krüger-Danielson, Schul-Umwelt-Zentrum Mitte von Berlin
Scharnweberstr. 159, 13405 Berlin
Tel. 030 49870409
SUZMitte@aol.com, www.suz-mitte.de

16 Interkultur. Garten Lichtenberg
Die Gemeinschaft besteht aus 24 Mitglieder mit ihren Familien aus acht verschiedenen Nationen, zwei Bienenvölkern und einem Feldhasen. Die Pächter aus Bosnien, Deutschland, Irak, Iran, Peru, Russland und Vietnam bewirtschaften den mit 13.000 m² größten Interkulturellen Garten Berlins.
Anne Haertel - UmweltKontaktstelle
Sozialdiakonische Arbeit
Victoriastadt GmbH
Liebenwalder Str. 12 – 18, 13055 Berlin
Tel.: 030 81859098
umwelt@sozdia.de
www.umwelt.sozdia.de
www.interkulturellergarten.de

17 Interkultureller Garten Marzahn-Hellersdorf
Auf 5.000 m² sind 18 Parzellen mit Gemeinschaftshaus, Wasseranschluss und Toilette entstanden, die von Menschen aus (bisher) drei Kulturen (Vietnamesen, Spätaussiedler und alteingesessene Marzahner) urbar gemacht werden.
Interkultureller Garten Marzahn
Herr Hermes
Premnitzer Str. 4, 12681 Berlin
Tel.: 030 902936857
Lokale.agenda21@web.de
Natalija Jaeger
Interkulturelle Vermittlung
QuartiersBüro Marzahn NordWest
Wörlitzer Straße 3A, 12689 Berlin
Tel. 030 93024409
qm-nordwest@verein-kiekin.de

18 Interkultureller Garten Oberschöneweide
Im 1.500 m² großen Garten ackern Einheimische, Migranten und Aussiedlerfamilien gemeinsam.
Interkultureller Garten
ISA Indische Solidaritätsaktion e.V.
Herr Sajjad Ahmad
Hans-Schmidt-Str. 6/8, 12489 Berlin
Tel. 030 902974956
ahmad-isa@arcor.de

19 Interkultureller Garten Perivoli
Der 3.500 m² große Garten PERIVOLI wurde von griechischen Senioren initiiert, die das Miteinander fördern, voneinander lernen und einen Beitrag zur Integrationsarbeit leisten wollen. Perivoli ist eine grüne Oase mit eigenen Beeten und Grünflächen, die nach ökologischen Prinzipien gepflegt werden.
Förderverein To Spiti e.V./Zentrum für griechische Frauen und Familien
Niki Reister, Pigi Mourmouri
Morusstraße 18a, 12053 Berlin
Tel./Fax 030 68247715
foerderverein-to-Spiti@gmx.de
www.foerderverein-tospiti.de

20 Interkultur. Garten „Rosenduft"
Die Gemeinschaftsgärtner – die meisten aus Bosnien, die anderen aus Berlin – legten auf dem Gleisdreieck-Gelände 20 eigene Beete an. Die Gemeinschaftsfläche wird vom Team bewirtschaftet.
Gartengruppe der AG Gleisdreieck
Christophe Kotanyi
Bülowstr. 74, 10783 Berlin
Tel. 030 2612287
elmeyerr@zedat.fu-berlin.de
www.suedost-ev.de/interkultureller_garten/interkultureller_garten.php

21 Interkultureller Garten Wrangelstraße
30 Gärtnerinnen und Gärtner kümmern sich seit 2004 um 1.500 m² Fläche. Der Nachbarschaftsgarten in der Wrangelstraße war der erste der Interkulturellen Gärten in Kreuzberg-Friedrichshain.
Wrangelstr. 98, 10997 Berlin
Ansprechpartner: Ulrich Ernitz
Tel. 030 6158173
Projektträger: workstation – Ideenwerkstatt Berlin e.V. in den Lasker Höfen (im Jugendclub E-Lok)
Laskerstr. 6 – 8, 10245 Berlin
Tel. 030 29772614
info@workstation-berlin.org
www.workstation-berlin.org

22 Interkultureller Generationengarten Lichtenrade
Gemeinschaftsgarten in der

Blohmstraße auf einem etwa 5.000 m² großen Grundstück.
Nachbarschafts- und Selbsthilfezentrum in der ufaFabrik e. V.
Heidi Simbritzki-Schwarz
Tel./Fax 030 75503146
generationengarten@nusz.de

23 Kids' Garden
Auf rund 3.000 m² bauen mittlerweile ca. 250 Kinder Gemüse, Obst und Blumen an. Durch Pflege des Gartens lernen sie Verantwortung für Natur und Umwelt zu übernehmen.
Grün für Kinder e.V.
*c/o *elele* Nachbarschaftszentrum,*
Hobrechtstraße 55, 12047 Berlin
Tel. 030 6236092
www.gruen-fuer-kinder.de

24 Kiezgarten Schliemannstraße
Schliemannstr. 8, 10437 Berlin, 300 m², ungezäunt, immer frei zugänglich, alle machen alles, inzwischen ca. 80 % Nutzpflanzen, 15 große und kleine Kiezgärtner von 6 bis 70 Jahren.
Kerstin Stelmacher Tel. 0163 2374424,
kiezgarten@yahoo.de, www.urbanacker.net

25 Kiezinseln
In dem offenen Garten können abgesehen von der Gartenarbeit auch andere kreative und kulturelle Angebote genutzt werden.
Kiezgarten: TÄKS e.V.
Cherusker Str. 23a, 10829 Berlin
Tel. 030 325123340
www.taeks.de

26 Krummer Garten
In Charlottenburg in der Grünanlage am Stadtbad Krumme Straße entsteht der Gemeinschaftsgarten.
Krummer Garten
c/o Raon Strohschein
Seelingstr. 37, 14059 Berlin
Tel. 030 92360697
Fax 030 92360697
info@krummergarten.de

27 Lichtenberger Stadtgarten
Der Garten liegt in der Nähe des Landschaftsparks Herzberge und ist 400 m² groß. Wer gemeinsam

mit den 20 – 30 anderen Stadtgärtnern (von 2 bis 76 Jahren) regelmäßig in Lichtenberg mitgärtnern möchte, ist eingeladen, Stadtgärtner zu werden.
Justin Buckley & Katharina Frosch
stadtgarten.org
c/o, AGRARBÖRSE Deutschland Ost e.V., Eichenstr. 2, 12435 Berlin
info@stadtgarten.org

28 Lichtenrader Volkspark
Der Volkspark wird seit 1981 von den Vereinsmitgliedern gepflegt.
Siehe Seite 95

29 Ökogarten am Buschgraben
Der Ökogarten in Zehlendorf ist ein Garten für alle. Er hat auf einer Fläche von etwa 1.500 m² Gemüse- und Blumenbeete, eine Kräuterspirale, Komposthaufen, Gewächshäuschen, Gartenhaus, Buddelkasten, Spielwiese, Tastweg, Teich.
Dr. Gerhard Borné, 1. Vorsitzender
Tel. 033203 72046
gerhard.borne@freenet.de

30 Offener Garten Weißensee
Dieses offene Naturraumprojekt hat das Ziel, die ca. 6.000 m² große Außenfläche des Kubiz zu einer Plattform für Projektteilnehmer, Nachbarn, Interessierte und Studierende entwickeln.
Bernkasteler Str. 78, 13088 Berlin
Tel. 030 96201345
Fax 030 925 12 95
garten@kubiz-wallenberg.de

31 Prinzessinnengarten
Am Moritzplatz werden auf der 6.000 m² großen Brachfläche nicht nur lokale Lebensmittel produziert, hier findet auch interkultureller Austausch statt, wird biologische Vielfalt kultiviert und ein großes Lernfeld für Selbermachen und Eigeninitiative aufgebaut.
Nomadisch Grün gGmbH
Forsterstr. 5, 10999 Berlin
kontakt@prinzessinnengarten.net
http://prinzessinnengarten.net/

32 Pyramidengarten Neukölln
Etwa 30 Menschen aus 7 Ländern bewirtschaften gemeinschaftlich das 1.500 m² große Areal.
Multikultureller NachbarschaftsGarten Neukölln e.V.
c/o Dr. Christian Hoffmann
Neckarstr. 5, 12053 Berlin
Tel. 030 68088622
christian.hoffmann@umweltconsulting.biz

33 Rosa Rose
Gemeinsschaftsgarten von allen für alle, es werden Gemüse, Obst und Zierpflanzen angebaut, immer öffentlich zugänglich,
Jessener Str. 3, 10247 Berlin,
rosarotrose@web.de
www.rosarose-garten.net

34 TonSteineGärten
Auf der 1.000 m² großen Brache am Kreuzberger Bethaniendamm wird Gemüse angebaut.
Tel. 030 61285003
tonsteinegaerten@gmx.de
http://gaerten-am-mariannenplatz.blogspot.com/

35 Wuhlegarten
Menschen aus verschiedenen Kulturkreisen bauen am Cardinalplatz auf einer Fläche von 4.000 Quadratmetern gemeinsam Obst und Gemüse an.
Interkulturelle Gärten Treptow-Köpenick und Brandenburg, Berlin
Brigitte Kanacher-Ataya
kanacher@googlemail.com
Dieter Kerschek, Tel. 030 6458453

Gärtnern in großem Stil

Es liegt in der Natur des Menschen, sich aus Enge befreien und Grenzen überwinden zu wollen. Warum kleine Gärten, wenn man auch große Felder haben kann? In Berlin heißt das: zurück zu den Wurzeln! Ob authentisch oder nicht – es ist für Großstädter etwas Besonders, wenn sie in Gummistiefeln am Rand der Stadt das Lebensgefühl der Landwirte nacherleben können. Und dann auch noch die – buchstäblichen – Früchte der eigenen Arbeit genießen dürfen! Geld sparen mit Vergnügen.

Gestern: Als die Ackerstraße noch zum Acker führte

Autorin:
Heide Hoffmann lehrt an der Landwirtschaftlich-Gärtnerischen Fakultät der Humboldt Universität zu Berlin

Berlin ist die größte Stadt Deutschlands und gilt weltweit für viele als angesagte Metropole. Clubs, Museen und Szeneviertel werden mit leuchtenden Augen genannt. Und hier sollen Landwirtschaft und Gartenbau ein Thema sein? Ja, sollen nicht nur, sie sind es! Und das nicht erst, seit überall in den großen Städten der Welt das Gärtnern wieder entdeckt wird. Landwirtschaft und Gartenbau haben nämlich in Berlin lange Tradition.

Davon künden sogar Straßennamen. So gibt es z. B. in Berlins Mitte eine Ackerstraße, die sich zwischen Wedding und Mitte erstreckt. Sie erhielt ihren Namen durch die dort angelegten Äcker der Berliner Feldmark. Ein Haus am Ende der Straße erinnert noch an diese Zeit. Aber auch Straßennamen, die zunächst überhaupt nicht so anmuten, haben einen landwirtschaftlichen Ursprung, wie die Filandastraße in Berlin-Steglitz. Filanda ist ein italienischer Begriff für eine Anlage zum Abhaspeln von Seidenkokons. Die Straße bekam ihren Namen nach einer hier gelegenen Seidenspinnerei. Der Besitzer legte außerdem eine Maulbeerbaum-Plantage an.

Landwirtschaft in der Prenzlauer Allee 1847

Das Scheunenviertel ist als „Szeneviertel" mit angesagten Restaurants und schicken Läden bekannt und liegt zwischen dem Hackeschen Markt und dem Rosa-Luxemburg-Platz. Der Name entstand im 17. Jahrhundert nach dort vorhandenen Scheunen und Scheunengassen. Darin wurden Heu und Stroh für den großen Viehmarkt gelagert, der damals auf dem heutigen Alexanderplatz abgehalten wurde. Die Bewohner des Scheunenviertels arbeiteten auf den angrenzenden Feldern nördlich der heutigen Dircksenstraße. 1906/07 wurde das Areal durch die Industrialisierung vollkommen umgestaltet, sodass der Name seit langer Zeit nur noch Geschichte ist.

Heutige Ackerstraße in Berlin Mitte

Hinweise auf eine agrargeschichtliche Vergangenheit geben auch die Pfaueninsel im Großen Wannsee und die Baumschule Späth in Berlin-Treptow. Auf der Pfaueninsel, einem beliebten Ausflugsziel der Berliner, erinnern die Reste einer alten Meierei und extensive Rinderhaltung an die Zeit vor 200 Jahren, als es hier eine königliche Gutswirtschaft gab, die gestalterisch in die Insellandschaft eingepasst wurde, aber auch zu Versorgungszwecken produzieren konnte.

Die Haflinger, mit denen auf der Pfaueninsel das Feld gepflügt wird, halten die Illusion von Landwirtschaft wie zu Königs Zeiten aufrecht.

Die Baumschule Späth wurde nach ihrem Gründer Franz Späth benannt und war bereits Ende des 19. Jh. mit 120 ha bepflanzter Fläche die größte Baumschule der Welt. Um das schöne Herrenhaus entstand ab 1879 das Arboretum mit über 1200 Gehölzen, das seit 1960 auch für die Ausbildung an der Humboldt-Universität genutzt wird.

Am Wasserturm im Prenzlauer Berg wird die Tradition des Weinanbaus wiederbelebt.

Die Geschichte der städtischen Landwirtschaft in Berlin ist untrennbar mit den Berliner Stadtgütern und dem Namen James Hobrecht (1825–1902) verbunden, der den Bau einer Kanalisation für die entstehende Großstadt in Form eines Radialsystems veranlasste, das unbegrenzt erweitert werden konnte. Im Jahre 1874 wurden die ersten beiden Güter zur Verrieselung der Abwässer von der Stadt Berlin erworben. Die auf den Rieselflächen angebauten Kulturpflanzen mussten mit dem schwierigen Standort zurechtkommen und andererseits in der Stadt nachgefragt sein. Zunächst waren es Rüben und Mais, die auch vom Königlichen Marstall oder der Großen Berliner Pferdeeisenbahn aufgekauft wurden, später erwies sich der Anbau von Gras, das viel Wasser aufnehmen und zu jeder Jahreszeit berieselt werden konnte, als am vorteilhaftesten. Damit wurden Milchkühe gefüttert; die Vermarktung der Milch in Berlin war kein Problem. Gemüsebauern pflanzten auf ihren Flächen alle Arten Kohl sowie Suppengemüse für die Berliner. Heute werden für die ehemaligen Rieselflächen Naturschutzkonzepte erprobt, wie Schafhaltung oder die Haltung seltener Heckrinder. Die Stadtgüter selbst wurden 2007 privatisiert.

Heute: Im Grenzland zwischen Metropole und Dorf

Auch heute gibt es Landwirtschaft in Berlin, die allerdings auf den ersten Blick oft nicht mehr sichtbar ist. „Richtige“, also Erwerbslandwirtschaft, erfolgt gegenwärtig auf ca. 2.000 ha in 34 registrierten Betrieben, vor allem am Rand Berlins, wie in Gatow, Lübars oder Buckow. Das sind ausschließlich Reiterhöfe, die auf den zugehörigen Feldern vor allem Futterpflanzen für die Pferde anbauen. In einigen Betrieben gibt es auch noch in kleinem Umfang Milchvieh- und Mutterkuhhaltung. Der Milchverkauf erfolgt direkt ab Hof und in den Hofläden kann man auch Wurst und Fleisch kaufen. Für eine Vermarktung im großen Stil reicht die Produktivität der Berliner Landwirtschaft nicht mehr aus. Zum Bereich gartenbaulicher Produktion zählen solche Kleinunternehmen wie die Sprossenmanufaktur, die mitten in Friedrichshain Sprossen in Bio-Qualität für den Berliner Markt produziert. Darüber hinaus gibt es jedoch noch eine Reihe von Betrieben in Berlin, wo Mitmachen von interessierten Laien ausdrücklich erwünscht ist. In der Folge sollen einige genannt werden.

Prinzessinnengärten am Moritzplatz
Den höchsten Bekanntheitsgrad als Berliner City-Gärten haben vermutlich im Moment die Prinzessinnengärten am Moritzplatz in Kreuzberg. Wer zum ersten Mal die Ansammlung von Kisten und Säcken auf einer gemieteten Brachfläche von 6000 m² sieht, vermutet dahinter vielleicht nicht unbedingt einen gärtnerischen/landwirtschaftlichen Betrieb. Gemüse und Kräuter wachsen bei Nomadisch Grün biozertifiziert in ehemaligen Transportkisten für Brot als mobile Hochbeete oder in ehemaligen Reissäcken und damit unabhängig vom möglicherweise kontaminierten Boden. Die Idee für das Projekt übernahmen die beiden Firmengründer Robert Shaw und Marco Clausen aus Kuba, wo diese Anbaumethode in den Städten seit Ende der 1980er Jahre bereits Tradition hat. Die Nähe zum Verbraucher erlaubt

Prinzessinnengärten
direkt am Moritzplatz,
Prinzenstraße 35 – 38,
Berlin-Kreuzberg
U Moritzplatz
prinzessinnengarten.net

es, weniger lagerfähige und auch seltene Kulturen anzubauen. Aber man kann auch eine Beetpartnerschaft übernehmen oder selbst mit anpacken und damit beim unmittelbaren Tun mehr über Gemüsebau in der Stadt erfahren. Nomadisch Grün GmbH ist damit auch umweltpädagogisch, gastronomisch und politisch tätig und praktiziert u. a. mit Kindern und Jugendlichen, türkischen oder russischen Nachbarinnen urbane und soziale Landwirtschaft.

Eine Einladung zum Selbstpflücken

... war der Vierfelderhof im ländlich anmutenden Gatow für viele Jahre, als auf ca. 100 ha vor allem Freilandgemüse- und Obstbau betrieben wurde und viele Berliner hier ihre Erdbeeren selbst geerntet haben. Landwirtschaft hat hier Tradition und prägt auch heute den Ort. Für die Großstadt Berlin waren und sind die landwirtschaftlich genutzten Flächen dringend notwendige Frischluftschneisen. Seit Herbst 2009 wird der Vierfelderhof durch eine gGmbH bewirtschaftet. Gegenwärtig erfolgt die Umstellung auf Bio-Anbau. Dazu gehören artgerechte Tierhaltung und der Anbau alter Kulturpflanzenarten. Besucher sind täglich willkommen. Für Kinder gibt es einen Mini-Zoo mit Hühnern, Ziegen und Kaninchen. Die Großen können im Hofladen und im Hof-Café die auf dem Vierfelderhof erzeugten Produkte wie die verschiedensten Gemüsarten probieren und kaufen. Die Betreiber haben viele Ideen für die Zukunft, z. B. die Einrichtung eines Kinderbauernhofes für die Stadtkinder. Gegenwärtig kann man auf einer neu entstehenden Streuobstwiese die Patenschaft über einen Apfelbaum übernehmen, den man dann im Herbst auch abernten kann.

Vierfelderhof Gatow
Straße 264 Nr. 33
14089 Gatow
Geöffnet im Sommer
Di–So 11–18 Uhr, im
Winter bis Einbruch der
Dunkelheit.
Bus X34 ab Bahnhof
Zoo Richtung Kladow
bis Haltestelle
Alt-Gatow

Bauerngärten
Max von Grafenstein, der Initiator des Bauerngartenprojekts, kommt von einem Biohof und hat ein Studium in Ökologischer Landwirtschaft absolviert. Ihn beschäftigte der Gedanke, dass Landwirtschaft ein geschlossenes System ist und der Agrarstrukturwandel neue partnerschaftliche Formen zwischen Landwirten und Verbrauchern, aber auch zwischen Land und Stadt erfordert. Insofern ist urbane Landwirtschaft für ihn ein konkreter Ausdruck dieses Verständnisses von Landwirtschaft. Wie diese aussehen könnte, hatte er bei den Selbsterntegärten für „Landwirte auf Zeit“, die die Universität Kassel seit ein paar Jahren erfolgreich betreibt, gesehen. Mit dieser Idee kam er nach Berlin und gründete hier 2010 die ersten zwei der gegenwärtig drei Bauerngarten-Flächen in und um Berlin. Im Westen der Bauerngarten Havelmathen nahe des Ortes Gatow. Südlich an die Neukölner Stadtgrenze anschließend der Bauerngarten Mette, in Zusammenarbeit mit dem gleichnamigen ortsansässigen Landwirt. Seit 2012 der neue Bauerngarten Pankow als Teil des historischen Volksparks Blankenfelde. Das Prinzip: Die Bodenbearbeitung und Aussaat erfolgt durch Max von Grafenstein, also dem Fachmann. Die interessierten „Laien“-Gärtner, die eine eigene Gartenparzelle für eine Saison pachten, können dann ca. 45 Gemüsesorten pflegen und ernten. Sie übernehmen im Bauerngarten die vollständig vorbereitete Gartenparzelle inklusive Dünger, Jungpflanzen und Saatgut. Sobald die ersten Salate geerntet werden, stellt Max von Grafenstein Jungpflanzen und Saatgut für Folgekulturen bereit.

Das Bauerngarten-Team stellt zudem sämtliche Arbeitswerkzeuge und den Kompost zur Verfügung und kümmert sich auch an heißen Tagen um die Bewässerung der Beete. Damit können Interessierte zunächst für eine Gartensaison im geschützten Rahmen testen, ob der Traum von der Selbstversorgung tatsächlich mit dem eigenen Berufsalltag kombinierbar ist. Der Zuspruch war von Beginn an groß und die Treue scheint es ebenfalls zu sein. Die Bauerngärtner sind zumeist Frauen, junge Familien, Studenten, aber auch Rentner. Die Bewirtschaftung erfolgt streng

Bauerngarten Havelmathen
Kladower Damm 57,
14089 Berlin-Spandau,
Bus X34 oder 134 bis Alt-Gatow bzw. Am Graben

Bauerngarten Mette
Querweg 3 1/2
12529 Großziethen
Bus 744 bis Haltestelle Attilastraße

Bauerngarten Pankow-Blankenfelde
Blankenfelder Chaussee 5
13159 Berlin-Pankow

www.bauerngarten.net

Anbaufläche und Natur liegen hier dicht beieinander. Nach der Arbeit kann man sich im Grünen entspannen und mit den anderen Gärtnern austauschen.

In den Bauerngärten kann man sich ein Stück vom Gartenkuchen abschneiden. Und sich die ganze Saison über von Landwirten begleiten lassen.

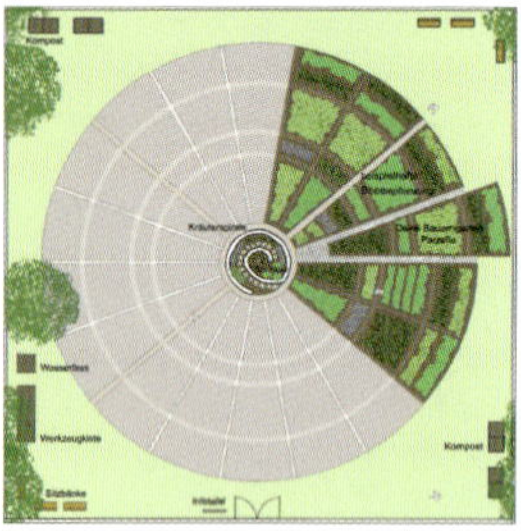

nach Bioland-Richtlinien. Max von Grafenstein steht den City-Gärtnern mit regelmäßigen kostenlosen Workshops, aktuellen Onlinetipps und vielem mehr zur Seite.

Neben dem Produktionsgedanken steht hinter dem Konzept auch die Idee, einen neuen Spielraum für die Stadtgestaltung zu erschließen, d.h., urbane Landwirtschaft in die Stadtentwicklung zu integrieren. Davon zeugt auch die erfolgreiche Zusammenarbeit mit städtischen Einrichtungen wie Grün Berlin oder dem Bezirksamt Spandau. Unterstützt wird Ökobauer Max inzwischen von einem knappen Dutzend engagierten Mitgärtnern, die als „Gartenassistenten" die Standorte mitbetreuen. Auffällig ist z. B. die Kreisform der Parzellen, die damit auch visuell den Kreislaufgedanken und die geschlossene Einheit von Landbewirtschaftung und Umwelt dokumentiert: Bewirtschaftungsflächen liegen neben Naturflächen und geben zusätzliche Gelegenheit zur Kommunikation zwischen den Nutzern.

Ein Städter-Abo für den Acker – Stadtbewohner und Landwirte in enger Verbindung

Aus den USA kommt die Idee, dass Verbraucher direkt mit Lebensmitteln versorgt werden, die auf einem landwirtschaftlichen Hof produziert werden, und im Gegenzug finanzielle und meist auch aktive Unterstützung bei der Bewirtschaftung geben. Das nennt sich CSA, Community Supported Agriculture, und entstand in den 1980er Jahren als Modell einer partizipativen Landwirtschaft. Dadurch soll ein geschlossener Wirtschaftskreislauf entstehen, der auch Nicht-Landwirte in die Lebensmittel-Produktion aktiv einbezieht. Dieses Modell ist attraktiv für Städter, die genau wissen wollen, wo ihre Lebensmittel herkommen, und die selbst einen Beitrag zum bewussten Umgang mit der Natur leisten wollen.

Für die Region ist ein Beispiel für solch einen Hof der Gärtnerhof Staudenmüller in Vietmannsdorf in der Uckermark. Zwischen den Partnern – der Gärtnerei und den Berliner Gruppen der Abnehmergemeinschaft – wird für ein Jahr eine Vereinbarung abgeschlossen. Die Gruppen sind jeweils eigenverantwortlich für die Erfassung der monatlichen Mitgliedsbeiträge, regeln die Verteilung des Gemüses und organisieren die Mithilfe im Gärtnerhof. Jeder sollte mindestens für eine Woche im Jahr direkt in Vietmannsdorf bei anfallenden Arbeiten helfen. Die Art und der Umfang des Anbaus werden gemeinschaftlich diskutiert und entschieden. Durch das eigene Erleben, wie Landbewirtschaftung funktioniert, das Wachsen und Gedeihen der Pflanzen zu beobachten und mit zu beeinflussen, entsteht eine persönliche Beziehung zu den Ernteprodukten: Nahrungsmittel werden vom Nicht-Landwirt, vom Städter, wieder als LEBENsmittel begriffen und erfahren.

Heute hat die Abnehmergemeinschaft rund 180 Mitglieder, Tendenz steigend und aus ganz Berlin, wobei die Neuköllner alternative Szene, also 20–30-Jährige, im Moment am stärksten vertreten ist. In Friedrichshain und Kreuzberg sind in den Gruppen eher Familien und viele ältere Mitglieder vertreten.

Gärtnerhof
Staudenmüller
Templinerstr. 1
17268 Vietmannsdorf
in der Uckermark

Die genauen Prinzipien der biologisch-dynamischen Wirtschaftsweise selbst sind für die meisten Berliner nicht so wichtig, sondern eher, dass es sich um ein Gemeinschaftsprojekt handelt, wo ökologisch produziert wird und man dabei mittun kann. Nicht Geld und Markt stehen im Vordergrund, sondern Liebe zur Natur, eine sinnvolle Produktion und die Gemeinschaft Gleichgesinnter. Die Lieferung erfolgt einmal in der Woche nach Berlin.

Auf Simon Junge geht die Idee des partizipativen Landwirtschaftens in und um Berlin zurück. Er arbeitet nun am Aufbau einer neuen Versorgungsgemeinschaft: das Projekt Apfelsternwarte. Der Gärtnerhof Staudenmüller hat die Nachfolge des von Simon Junge initiierten Löwengartens übernommen und steht für Interessenten jederzeit offen.

Grünkohl kann den ganzen Winter über geerntet werden.

Auch im November ist Erntezeit. Die zarten Salatpflänzchen werden durch ein Vlies vor ersten rauen Temperaturen geschützt.

Landwirtschaft als Erlebnis – Domäne Dahlem
Auf dem 16,5 ha großen Gelände des heutigen Freilandmuseums Stiftung Domäne Dahlem wird seit etwa 800 Jahren kontinuierlich Landwirtschaft betrieben. Das Herrenhaus, in dem die meisten Ausstellungen zu sehen sind, gibt es seit dem Jahr 1860. Mit einigen intakten Räumlichkeiten aus dem Jahre 1560 ist es das älteste Wohngebäude Berlins. Im Agrarmuseum selbst kann man hautnah den Werdegang unserer Lebensmittel vom Feld bis auf den Teller nachvollziehen. Das geschieht einmalig über die Verbindung zwischen Museum und angeschlossenem landwirtschaftlichen 12 ha-Bio-Betrieb, der dem Bioland-Verband angehört. Seine Produkte können im Hofladen erworben werden. Zu den ehrgeizigen Zielen der Domäne Dahlem gehören, dass mitten in der Berliner Großstadt seltene Nutztierrassen und Kulturpflanzenarten erhalten werden, wie das Alte Deutsche Schwarzbunte Niederungsrind oder die Erdbeersorte „Georg Soltwedel“, die nach dem Besitzer des ältesten deutschen Erdbeerzüchtungsbetriebes benannt wurde. Sonnabends und mittwochs gibt es neben einem Hofladen, der regelmäßig geöffnet hat, einen Ökomarkt, auf dem die Produkte verkauft werden. An diesen Tagen kommen auch Bio-Bauern aus der Berliner Umgebung nach Dahlem und bieten ihre Produkte an.

Einige intakte Räumlichkeiten des Herrenhauses stammen von 1560.

Domäne Dahlem
Königin Luise Str. 49,
14195 Berlin
www.domaene-dahlem.de
Eintritt Museum Herrenhaus: 3 EUR/1,50 EUR
Zugang zum Gelände kostenfrei.
U-Bahnhof Dahlem-Dorf

Das Museumsdorf Düppel ...
... wurde 1975 eröffnet und gehört seit 1995 zur Stiftung Stadtmuseum Berlin. Auf einer Fläche von ca. 8 ha an der Clauertstraße in Berlin-Zehlendorf kann sich der Besucher unvermutet ins Hochmittelalter versetzen lassen. Hier, wo in Vorzeiten tatsächlich einige Bauern gelebt haben, laden alte Wohnhäuser, Gewerbeflächen

und Lagerräume zu einer Zeitreise in die Vergangenheit ein. Der Großstädter kann sich über alte Haustierrassen informieren, Nutzpflanzen anschauen, die vor hunderten von Jahren angebaut wurden, oder Handwerkern bei ihrer Tätigkeit über die Schulter schauen. Auf dem Freigelände sieht man typische Baumarten aus alter Zeit, wie märkische Kiefern, Sandbirken, Hainbuchen, Linden und Eichen. Auf den kleinen Feldern wird die alte Dreifelderwirtschaft wie in den Anfangsjahren des Ackerbaus betrieben: Sommerung, Winterung, Brache. Dafür wurden zum Beispiel ca. 100 Jahre altes Hafersaatgut beschafft und Roggen aus einer Landsorte rückgezüchtet. Im Garten kann man Interessantes über Kräuter und Gemüse aus der Zeit Karls des Großen erfahren. So lässt sich die älteste dort kultivierte Apfelsorte „Borsdorfer" bis ins Jahr 1175 zurückverfolgen. Bei Brot, Kuchen, Met und Hirsebrei kann der Besucher zum Abschluss das Mittelalter auch kulinarisch nachempfinden.

Museumsdorf Düppel
Clauertstr. 11
14163 Berlin
www.dueppel.de
Geöffnet Mitte April – Mitte Oktober, donnerstags 15–19 Uhr, Sonn-/feiert. 10–17 Uhr
Eintritt: 2 EUR, für Besucher unter 18 Jahren Eintritt frei

Landwirtschaft mit Symbolcharakter

Ein besonders symbolträchtiger Ort, wo das Säen, Reifen und Ernten von Getreide als Ausdruck des Lebens empfunden werden kann, ist das Roggenfeld auf dem Mauerstreifen an der Bernauer Straße 111. Der jährliche Anbau von Roggen, einem anspruchslosen Brotgetreide aus der Berliner Region, ist integraler Bestandteil der Gestaltungskonzeption des Gedenkortes an die Berliner Mauer. 2010 wurde das Feld neu begrenzt, Markierungselemente des ehemaligen Mauerverlaufs eingebracht und neuer steinfreier Boden aufgetragen. Das Feld

Freigelände der Kapelle der Versöhnung an der Bernauer Straße
S 1 Nordbahnhof
U 8 Bernauer Straße
Tram M 10, Gedenkstätte Berliner Mauer

Das Getreidefeld an der Kapelle der Versöhnung, die zur Gedenkstätte Berliner Mauer gehört.

Landwirtschaft im Museum

Neben den Freiluftmuseen der Domäne Dahlem und dem Museumsdorf Düppel gibt es in Berlin noch zwei besondere Museen, die einen Bezug zur Landwirtschaft haben.

Hanfmuseum
Das seit 1994 bestehende Berliner Hanfmuseum ist die einzige Einrichtung in Deutschland, in der sich alles allein um dieses Gewächs dreht. Ähnliche Museen gibt es nur noch in Bologna und natürlich in Amsterdam. Hanf ist vermutlich den meisten von uns vor allem als Rauschmittel bekannt. Tatsächlich gehört er aber zu den ältesten Nutzpflanzen der Welt. So war die frühe Schifffahrt ohne Hanfseile undenkbar, und Hanf wurde zur Papierherstellung verwendet. Gegenwärtig erlebt er eine Renaissance als nachwachsender Rohstoff, zum Beispiel als Dämm- und Isolierstoff, oder auch zur Herstellung von Stoffen. Im Museum erfährt man viel Wissenswertes über Hanf, beginnend bei seinen botanischen Merkmalen, dem Anbau sowie der Verwendung, die eben mehr sein kann als ein Rauschmittel. Nach dem Rundgang kann man ja im Museumscafé „Club Chill" zumindest die Wirkung von Hanftee probieren. (www.hanfmuseum.de)

Zuckermuseum
Dass die Geschichte des Zuckers durchaus nicht süß, sondern gelegentlich sehr bitter war, erfährt man im Berliner Zuckermuseum. Es ist das älteste Spezialmuseum zur Kulturgeschichte des Zuckers: Schon zur Eröffnung des Zuckerinstituts im Jahre 1904 erhielt es einen eigenen Raum im Weddinger Institutsgebäude der heutigen Beuth-Hochschule. Hier erfährt der Besucher alles über die wirtschaftliche und sozialgeschichtliche Bedeutung unseres Rübenzuckers, aber auch über das ursprünglich durch Sklaven in harter Arbeit gewonnene Zuckerrohr in den Kolonien der Neuen Welt. Am Modell der ersten Zuckerrübenfabrik der Welt ist zu sehen, wie aus der zerkleinerten Zuckerrübe nach Kochen und Reinigen ein fertiger Zuckerhut entsteht. Faszinierend sind Sonderausstellungen und die sonntäglichen Vorführungen zur Zuckerkunst, wo man auch in die Geheimnisse der Bonbonherstellung eingeweiht wird. (http://www.sdtb.de/zucker-museum.6.0.html)

wird durch Mitarbeiter der Landwirtschaftlich-Gärtnerischen Fakultät der Humboldt Universität zu Berlin betreut. Ein besonderes Highlight für Touristen und Anwohner ist in jedem Jahr die Roggenernte mit einem Mähdrescher mitten in der Stadt. Das Mehl aus dem Korn dient für die Oblaten, die in der Kirche der Berliner Versöhnungsgemeinde zum Abendmahl gereicht werden.

Das Wriezener Freiraumlabor befindet sich auf dem Gelände eines ehemaligen Güterbahnhofs in Friedrichshain/Kreuzberg. Das nach japanischem Vorbild entstandene Fukuoka Feld zeigt „halbwilden" Gemüseanbau auf kleinen Parzellen.

Fukuoka Demofelder

Eine weitere Besonderheit in Berlin, die zum Gärtnern im Vorbeigehen einlädt, sind die sogenannten Fukuoka Demofelder. Das sind 4 bis zu 1.000 m² große Kunstprojekte im öffentlichen Raum, sie thematisieren die „Nichts-Tun-Landwirtschaft" des Japaners Masanabu Fukuoka (1914–2008). Dieser studierte Mikrobiologie und arbeitete dann als Zollinspektor für Agrarprodukte im Hafen von Yokohama. Er begann jedoch an seiner Tätigkeit und den vermeintlichen Fortschritten der modernen Landwirtschaft zu zweifeln und erkannte, „... dass alle Leistungen und Erfolge der menschlichen Zivilisation vor der Absolutheit der Natur bedeutungslos sind" (Fukuoka 1987). Ihn bewegte weniger die Frage: „Was muss ich tun?", als die Frage: „Was kann ich unterlassen?", daraus entstand die „Nichts-Tun-Landwirtschaft". Fukuoka gilt beispielsweise auch als Erfinder der „seed balls", die in der Guerilla-Gartenbewegung Verbreitung gefunden haben. Zu seinen Prinzipien gehörte der weitgehende Verzicht auf Bodenbearbeitung, Düngung und Unkrautregulierung. In einer Mischkultur unterstützen sich die unterschiedlichsten Pflanzenarten sinnvoll, so dass Nährstoffansprüche und Pflanzenschutzeffekte kombiniert werden, die Pflanzen sich in ihren Wirkungen und Ansprüchen ergänzen und die Natur an die Stelle menschlichen Handeln tritt. Ein typisches Beispiel dafür ist die Kräuterspirale. Bekanntester Fukuoka-Aktivist in Berlin ist Winfried Schiffer. Beim einmal jährlich stattfinden „Langen Tag der Stadtnatur" kann man sich von ihm bei einer Führung, einer Mitmach-Aktion und im Gespräch erklären lassen, was hinter der Idee der Fukuoka Demofelder steckt.

Fukuoka in Berlin:

· Köpenicker Str. 8a, 10997 Berlin (im sogenannten Spreehof)

· Skulpturenpark Berlin-Mitte, Stallschreiberstr./Alte Jacobstr. (U-Bhf Spittelmarkt)

· Wriezener Freiraumlabor (Park-Mitte): Helsingforser Str.
Der Eintritt ist frei.
S/U-Bhf Warschauer Str. mit Tram M10, M13 oder Bus 240, 347
www.freiraumlabor.org

Und morgen: City-Farming

Boden ist in der Stadt ein besonders kostbares Gut. Geht es vielleicht auch ohne? Es geht! Pflanzen können ohne Boden angebaut werden. Wasser und Nährstoffe und Licht müssen allerdings sein, und es muss ein entsprechendes Mikroklima für die Wachstumstemperaturen geschaffen werden.

So war der Wassersalat, der im August 2010 auf dem Wasserbecken vor dem Haus der Kulturen der Welt anlässlich des Überlebensfestivals zu sehen war, ein besonderer „Hingucker". Das Verfahren nennt sich Hydroponic, Anbau ohne Erde, und kann in kleinen Gewächshauscontainern, gewissermaßen zu Hause, betrieben werden. Für Kulturpflanzen, die nur einen kurzen Wachstumszyklus haben wie Salate oder Kräuter, ist das Verfahren besonders geeignet.

Wer seine Salaternte nicht mehr mit Schnecken teilen möchte, findet hiermit vielleicht eine Lösung.

Eine holländische Firma hat ein patentiertes Verfahren entwickelt, bei dem in einem Anbaubecken mit nährstoffreichem Wasser Schwimmelemente treiben, auf denen Behälter mit Pflanzen stehen. Das patentierte Design, DryHydroponik genannt, schafft ein Luftpolster zwischen Pflanze und Nährlösung und sorgt dafür, dass die Pflanzen immer mit genügend Wasser, Licht, Düngemittel und Sauerstoff versorgt werden. Ein Vorteil dieser Anbauweise ist, dass die Blätter nicht verschmutzen und zum sofortigen Verzehr geeignet sind. Nach Angaben der Produzenten entwickeln sich starke Blattzellen, sodass die Pflanzen gesund und langlebig und damit widerstandsfähig gegenüber Krankheiten sind. Allerdings ist das Verfahren nicht „bio", da hier nicht der Boden als Träger der Fruchtbarkeit und die Bodenorganismen mit ihrer nährstoffmobilisierenden Tätigkeit in die Pflanzenernährung einbezogen werden.

Vertical Farming – Blick in die Zukunft
Die Hydroponic-Idee lässt sich in einem weit größeren Konzept verwirklichen, das gegenwärtig noch eine Zukunftsvision ist. Das nennt sich Vertical farming, landwirtschaftliche Großproduktion auf engstem Raum in der Stadt. Der

Hintergrund ist, dass schon jetzt mehr Menschen in Städten wohnen als im ländlichen Raum. Das 21. Jahrhundert ist also das Jahrhundert der Urbanisierung. Um den Ernährungsbedarf dieser Menschen zu decken, müsste die zur Verfügung stehend Produktionsfläche beim aktuellen Stand der Technik massiv ausgeweitet werden. Land steht jedoch nicht unbegrenzt zur Verfügung. Außerdem gehen durch Erosion, Versalzung oder Austrocknung jährlich zwischen 5 und 7 Millionen Hektar landwirtschaftlicher Nutzfläche verloren, sodass auch die pro Kopf zur Verfügung stehende Ackerfläche seit Jahren rückläufig ist.

Damit ergibt sich die Notwendigkeit, alternative Nahrungsmittel-Produktionskonzepte zu entwickeln. Eine solche ist die Rückführung der landwirtschaftlichen Primärproduktion in die Stadt selbst. Die Idee ist eigentlich nicht neu, denn die Ursprünge unserer Kleingärten liegen z. B. in der Ernährungssicherung der städtischen Bevölkerung zu Beginn der industriellen Revolution. Und auch heute gehören die neuen Modelle wie die Community Gardens zur Wiederentdeckung der Selbstversorgung der Städter. Diese kleinteiligen Varianten werden kontrastiert durch professionelle Großprojekte, die die Nutzung mehrstöckiger innerstädtischer Gebäude beinhalten.

Von Dickson Despommier, einem Professor an der Columbia University in New York City, stammt die Idee der vertikalen Landwirtschaft. 2001 lagen erste ausgereifte Planskizzen für Farmscrapers, 30-stöckige Hochhäuser, vor. Angewandte High-Technologie mit Sensortechnik wacht darüber, dass in jedem Stockwerk ein eigenes Bewässerungs- und Nährstoffüberwachungssystem funktioniert. Über DNS-Chips soll das Vorhandensein von Krankheitskeimen ermittelt werden, um den Ausbruch von Pflanzenkrankheiten zu verhindern. Durch Einsatz von präziser Messtechnik, die schon jetzt zur Standardtechnologie gehört, können ebenfalls Aussagen über den Reifezustand und die Aromenzusammensetzung der Früchte gewonnen werden. Das ursprüngliche Konzept von

Designbeispiele für Farmscrapers – landwirtschaftliche Wolkenkratzer

Despommier sieht eine gewächshausbasierte Pflanzenproduktion mit integrierter Aquakultur vor. Eine Erweiterung auf weitere Tierarten wird nicht ausgeschlossen. Das Leitbild für Despommier ist eine geschlossene Kreislaufwirtschaft. So sollen organische Reste durchweg kompostiert werden und den Pflanzen als Dünger zur Verfügung stehen. Hier kann auch kompostierter städtischer Abfall eingesetzt werden. Allerdings wird von anderer Seite eher die hydroponische Produktion favorisiert und die Rückstände werden zur Energiegewinnung durch Biogas genutzt.

Fisch und Salat aus der Malzfabrik
Fisch und Salat aus einer Malzfabrik? Mit einer Mälzerei verbindet sich doch wohl eher die Vorstellung von einem kühlen Bier! Nicht bei der Malzfabrik im Berliner Stadtbezirk Tempelhof-Schöneberg. Hier, wo früher das Malz für die Berliner Brauereien hergestellt wurde, ist heute ein Kreativzentrum, wo Nachhaltigkeit nicht nur eine zeitgemäße Floskel ist. Da jeder Mensch essen muss, Nahrungsmittel also essenziell sind, gehörte die kreative Umsetzung einer Idee für die Nahrungsmittelproduktion in unmittelbarer Nähe des Verbrauchers zu den „green steps“ des Nachhaltigkeitskonzeptes.

Die engagierten jungen Macher der Malzfabrik waren fasziniert vom Konzept des Urban Farmings in modulen Systemen mit Containern, konkret der Erzeugung von Fisch und Gemüse in einer Kreislaufwirtschaft. Von Roman Gaus aus der Schweiz erhielten sie 2010 einen gebrauchten Container, der erstmal „Rostlaube“ getauft wurde. Verblüffend simpel und dennoch schlüssig erscheint das Konzept der Containerfarm, wonach auf kleinstem Raum sowohl Fischzucht (Aquakultur) als auch Gemüseanbau im Wasser (Hydroponic) kombiniert werden.

Im unteren Teil des zweigeteilten Containers befindet sich ein 1500-l-Kunststoffbehälter, in dem sich bis zu 50 Karpfen tummeln können. Der Wasserbehälter ist mit einem Rohrsystem verbunden, das die im „oberen Stockwerk“ befindlichen Gemüsepflanzen wässert und mit

Die legendäre Rostlaube, Vorläufer der jetzigen Containerfarm

den Nährstoffen aus den Fischexkrementen versorgt. Bakterien wandeln dann den im Fischkot gebundenen Stickstoff in eine pflanzenverfügbare Form um. Geplant ist für 2012 der zusätzliche Anschluss einer Biogasanlage zur Energieproduktion, um damit das System noch autarker zu gestalten. Die „Rostlaube" war der erste Versuch. Mittlerweile hat sich die professionelle Firma ECF, Efficient City Farming, ausgegründet, die in einem Gewächshaus auf dem Dach der Malzfabrik die gesammelten Erfahrungen im großen und damit wirtschaftlichen Stil betreiben will. Solarzellen und die zusätzliche Gewinnung von Regenwasser sollen die ganzjährige Produktion von frischem Gemüse und Tilapia-Barschen ermöglichen. Damit erhalten die Kunden der umliegenden Einkaufscenter die Möglichkeit, Nahrungsmittel auf kurzem Weg zu erwerben – und damit etwas für die Umwelt zu tun.

Das VertiCrop-System

Dass das keine abgefahrene Idee von umweltbewussten jungen Kreativen ist, zeigt die Zusammenarbeit mit wissenschaftlichen Einrichtungen Berlins von Beginn. So begleitet das Leibniz-Institut für Gewässerwirtschaft die Anlage für die Fischproduktion – einschließlich des vor Ort erzeugten Fischfutters aus Waffenfliegenlarven, die auf den Grünabfällen der Gemüseproduktion gedeihen. Die TU Berlin erarbeitet die Machbarkeitsstudie für die Frische vom Dach. Die Farm auf dem Dach und das nüchtern sachliche Gewerbegebiet in der Umgebung sind demnächst ein reales neues Bild von Großstadt. *Heide Hoffmann*

Adressen und Termine

Adressen

Urbanacker – Alternatives Gärtnern
Alles über das Stadtgärtnern findet sich auf www.urbanacker.net. Hier findet man Listen von Gemeinschafts- und Nachbarschaftsgärten, Infos zu grünen Projekten, Termine für Treffen und Workshops und und und ...

Beratung zur Hofbegrünung oder Gestalten von Kiezgärten
gibt es bei der GRÜNEN LIGA
Karen Thormeyer
hofberatung.berlin@grueneliga.de
Die Broschüre GRÜNE HÖFE = GUTES KLIMA enthält zahlreiche Tipps zur Hofbegrünung. Gegen Porto erhältlich bei der GRÜNEN LIGA Berlin, Prenzlauer Allee 8, 10405 Berlin, Tel. 030 4433910

Beratung über Pilze und Kräuter,
die aus der Natur in der Küche verwendet werden können, Vielseitigkeit und heilende Wirkung, während der Pilzsaison auch kostenlose Beratung
GRÜNE LIGA, Elisabeth Westphal, in der Prenzlauer Allee 8 oder donnerstags auf dem Ökomarkt am Kollwitzplatz.
Tel. 030 44339148
oekomarkt.kollwitzplatz@grueneliga.de, www.grueneliga-berlin.de

Berliner Bäume
Baumschutzgemeinsch. Berlin e.V.
c/o Antje M.-Th. Solmsdorf
Windscheidstr. 40, 10627 Berlin
Tel. 0170 2147676 oder
Hr. Gisbert Lange
Potsdamer Str. 68, 10785-Berlin
Tel. 030 7532982
www.bmsgb.de

Naturschutz
Berliner Landesarbeitsgemeinschaft Naturschutz e.V.
Potsdamer Str. 68, 10785 Berlin
Tel. 030 26550864
www.bln-berlin.de

Bund für Umwelt- und Naturschutz Deutschland (BUND)
Landesverband Berlin
Crellstr. 35, 10827 Berlin
Tel. 030 7879000
www.bund-berlin.de

Naturschutzbund Deutschland (NABU) – Landesverband Berlin
Wollankstr.4, 13187-Berlin
Tel. 030 9860837-0
www.nabu-berlin.de

AG Kleinstlandwirtschaft
Interdisziplinäre Arbeitsgruppe Kleinstlandwirtschaft und Gärten in Stadt und Land befasst sich mit der sozialen und ökologischen Bedeutung von Nutzgärten, Nebenerwerbs- und Kleinsthöfen weltweit
AG Kleinstlandwirtschaft und Gärten in Stadt und Land
c/o PD Dr. Elisabeth Meyer-Renschhausen,
Bülowstr. 74, 10783 Berlin

Alte Nutzpflanzensorten
Verein zur Erhaltung und Rekultivierung von alten Nutzpflanzen
VERN e.V. Angermünde
Burgstr. 20, 16278 Greiffenberg
Tel. 033334 70232
vern_ev@freenet.de, www.VERN.de

Gartenkultur und Gartenkunst
Ziele der Gesellschaft sind neben dem persönlichen Austausch von Wissen und Erfahrungen, also der Pflege der privaten Gartenkultur, der Erhalt kulturhistorisch wertvol-

ler Gärten und die Förderung des Kontaktes zwischen Organisationen der Denkmalpflege und Gartenkunst
Gesellschaft zur Förderung der Gartenkultur
in der Königlichen Gartenakademie
Altensteinstr. 15a, 14195 Berlin
Frau Rehberg, Tel. 030 83 2209017
geschaeftsstelle@gartengesellschaft.de
www.gartengesellschaft.de

Königliche Gartenakademie
Hochklassiges Zentrum zur Förderung der Gartenkultur und der Gartenkunst in Deutschland für ein besseres Verständnis der Gartenkunst bei Laien, Fachleuten und Gartenliebhabern, die Vermittlung von Kenntnissen über Pflanzen, Natur und Gestaltung sowie geschichtliche Zusammenhänge
Königliche Gartenakademie
Gabriella Pape
Altensteinst. 15 a, 14195 Berlin
Tel. 030 8322090-0
info@koenigliche-gartenakademie.de

Mobile Landwirtschaft
Der Prinzessinnengarten produziert nicht nur lokal Lebensmittel, er schafft auch einen Ort neuen urbanen Lebens.
PRINZESSINNENGARTEN
am Moritzplatz
Prinzenstr. 35 – 38, 10969 Berlin
U Moritzplatz
kontakt@prinzessinnengarten.net
www.prinzessinnengarten.net

Wildblumen
Auf www.wildblumenwiese.net erfährt man alle wichtigen Schritte, um eine Wildblumenwiese in der Stadt anzulegen.

Bienen
Die Initiative „Berlin summt" will, dass Honig- und Wildbienen sich in unserer Stadt so richtig wohl fühlen und bringt als „Auftakt für den Bienenschutz in Berlin" Honigbienen auf repräsentative Standorte unserer schönen Hauptstadt.
www.berlin-summt.de

Die Berliner Imker wollen durch fairen und innovativen Handel helfen, dass es wieder ‚Mehr Bienen in Berlin' gibt. Ziel ist es, dass die Berliner durch den Genuss von Honig aus der Nachbarschaft sensibler und aufmerksamer für die Natur werden und mehr lokale Produkte unterstützen.
www.berlinerhonig.de

Dachgärten
Auf www.dachgaertenfueralle.de findet man gute Argumentationshilfen, um den Vermieter von einem Dachgarten zu überzeugen.

Guerilla Gardening
Unter www.gruenewelle.org gibt es Infos zum Gärtnern auf wilden Stadtbrachen – mit Anleitung für Samenbomben, Forum (vorrangig englisch) und Praxistipps.

Interkulturelle Gärten
Arbeitsgemeinschaft Interkulturelle Gärten in Berlin & Brandenburg
Gerda Münnich
Puschkinallee 46, 12435 Berlin
Tel. 0151 16676605
interkulturelle-gaerten-berlin@gmx.de
Bund für Umwelt und Naturschutz Deutschland (BUND)
Landesverband Berlin e.V.
Crellestr. 35, 10827 Berlin
Tel. 030 787900-0

Interkulturelle Gärten
Das Türkisch-Deutsche Umweltzentrum Berlin ist Anlaufstelle für Beratung, Information, Austausch und Projektarbeit für Migrantinnen und Migranten zu Umwelt-, Natur- und Klimaschutz.
Türkisch-Deutsches Umweltzentrum Berlin
Prinzenstr. 23, 10969 Berlin
Tel. 030 69535293
Herr Dr. Turgut Altuğ
t.altug@tdz-berlin.de

Berliner Wein
Verein, der an historischer Stelle die über 500 Jahre alte Tradition des Berliner Weinanbaus wieder aufnimmt, belebt und kultiviert.
Förderverein „Weingarten Berlin" e. V.
c/o Genossenschaft Gewerbehof Saarbrücker Straße e.G.
Saarbrücker Str. 24, 10405 Berlin
Tel. 030 4409276
frankpietsch@alice-dsl.net

Berliner Kleingärten
Der Landesverband Berlin der Gartenfreunde e.V. vertritt die Interessen von rund 70.000 Kleingärtnerinnen und -gärtnern in der Hauptstadt.
Landesverband Berlin der Gartenfreunde e. V.
Spandauer Damm 274
14052 Berlin
Tel. 030 300932-0
info@gartenfreunde-berlin.de
www.gartenfreunde-berlin.de

Bahn-Landwirtschaft in Berlin e. V.
Steglitzer Bahn 117, 12167 Berlin

Verband der Kleingärtner, Siedler und Grundstücksnutzer e. V.
Hohenschönhauser Str. 88
10369 Berlin

Die Broschüre „Das bunte Grün – Kleingärten in Berlin" zeigt, was es zu beachten gilt, wenn man einen Kleingarten nutzt. Wer selbst einen Garten pachten will, findet eine Liste aller Anlaufstellen. (40 S., 2 Euro, ISBN 978-3-88961-313-4)
Kostenloser Download auf www.senatsverwaltung-berlin.de unter Bürgerservice > Publikationen > Umwelt/Natur > Stadtgrün Broschüre (pdf, 6,7 MB)

Landwirtschaft zum Mitmachen
„Wir pflanzen – Sie ernten" ist das Motto im Bauerngarten Berlin.
www.bauerngarten.net
siehe auch auf Seite 137

Meine Ernte
Auf www.meine-ernte.de kann man einen eigenen Gemüsegarten zum Mieten in Stadtnähe finden, in dem man selber gärtnern und ernten kann. In Berlin gibt es bisher zwei Standorte.

Hilfe auf ökologischen Höfen
WWOOF bietet die Möglichkeit, mit ökologischen Höfen Kontakt aufzunehmen, um dort mindestens 2 Tage oder länger – im Tausch gegen Kost und Logis – mitzuhelfen.
www.wwoof.de

Bergwaldprojekt
Vornehmlich in Nationalparks und Naturschutzgebieten werden von dem Bergwald e. V. freiwillige Arbeitseinsätze für jeden über 18 organisiert. Die Arbeitseinsätze dienen zum Schutz der Biotope.
Bergwaldprojekt e.V. – Infoservice
Pickelstr. 2, 97080 Würzburg
Tel. 0931 4526261
info@bergwaldprojekt.de
www.bergwaldprojekt.de

Parkseminar
In Brody (Polen) nahe Forst ist es einmal im Jahr möglich, mit hunderten von gleichgesinnten Parkseminaristen und Gartenenthusiasten eine stark verwilderte Parkanlage zu retten. Anleitung gibt es von gestandenen Landschaftsgärtnern.
pfoerten.wordpress.com

Gartenarbeitsschulen
Berlin besitzt eines der am besten ausgebauten Netze von außerschulischen „Grünen Lernorten". Etwa 35 Prozent der Berliner Schulen haben einen Schulgarten auf ihrem Schulgelände. Das Netz dieser Grünen Lernorte wird durch die 12 Berliner Gartenarbeitsschulen in den Bezirken der Stadt vervollständigt.
www.igas-berlin.de

Termine

Langer Tag der Stadtnatur
Der vom Senat geförderte Veranstaltungstag soll die Berliner, aber auch Touristen, an ihren Reichtum an Pflanzen erinnern. Ca. 500 Veranstaltungen werden von verschiedenen Vereinen, Bürgerinitiativen und Fachgruppen organisiert.
www.langertagderstadtnatur.de

Staudenmarkt im Botanischen Garten
Zweimal im Jahr treffen sich Blumen- und Pflanzenhändler aus ganz Deutschland im Berliner Botanischen Garten und bieten alles, was das Gärtnerherz begehrt.
www.berliner-staudenmarkt.de

Umweltfestival
Mit dem jährlichen UMWELTFESTIVAL bringt die GRÜNE LIGA jährlich mehr als 100.000 Menschen auf die Straße. Das umweltfreundliche Volksfest am Brandenburger Tor mit Unternehmen aus dem Umweltbereich, Biobauern, Bio-Restaurants sowie Medien, Umweltverbänden, Vereinen und Initiativen ist ein Erlebnis für die Berliner und ihre Gäste.

Gartenmärkte

Pflanzen Kölle
5 Standorte hat das Unternehmen rund um Berlin. Neben einem riesigen Pflanzenangebot kauft der Gärtner hier auch Rasenmäher, Bewässerungssysteme und Gartenmöbel. Es gibt einen Überwinterungsservice, Ausstellungen und Workshops, z. B. Schnittkurse für Rosen und Obstbäume. Beliebt sind die Orchideenschau im Frühjahr und die Rosenschau im Sommer.
www.pflanzenkoelle.de

Einkaufscenter HavelPark
Döberitzer Weg 5
14624 Dallgow-Döberitz
Direkt an der B5, zwischen City-Spandau und Berliner Ring
Tel. 03322 29950
Mo–Do 9–20 Uhr
Fr–Sa 9–21 Uhr
So 10–15 Uhr*

Teltow Blumensiedlung
Ruhlsdorfer Str./Asternstr. 2
14513 Teltow
Tel. 03328 3440
Mo–Sa 9–19 Uhr
So 10–15 Uhr*

* Verkauf nur von Blumen und Pflanzen

Borgsdorf (Gartencenter)
Rosenstr./Ecke Berliner Chaussee
16556 Hohen Neuendorf/OT Borgsdorf
Tel. 03303 53200
Mo–Sa 9–19 Uhr
So 10–15 Uhr*

Dahlwitz-Hoppegarten (Gartencenter)
Bollensdorfer Weg 2–4
15366 Dahlwitz-Hoppegarten
Tel. 03342 212100
Fax 03342 21210-169
Mo–Sa 9–19 Uhr
So 10–15 Uhr*

Wildau (Gartencenter)
Gewerbepark 1, 15745 Wildau
Tel. 03375 52360
Mo–Sa 9–19 Uhr
So 10–15 Uhr*

Späth'sche Baumschule
Nicht nur Pflanzen kaufen oder mieten kann man in dem 1720 gegründeten Unternehmen. Die Baumschule besitzt außerdem ein Hofcafé, bietet Lehrgänge in Gartenpflege an und organisiert Veranstaltungen: einen Weihnachtsmarkt, ein Traditionsfest und ein Rockkonzert gehören zu den ausgefallenen Ideen des Unternehmens.

Späth'sche Baumschulen Handel GmbH
Späthstr. 80/81, 12437 Berlin
Bei der A113, Ausfahrt Späthstraße
Tel. 030 6390030
info@spaethsche-baumschulen.de
www.spaethsche-baumschulen.de
Privatverkauf und Hofladen:
Mo–Fr 9–18 Uhr
Sa 9–16 Uhr
So 10–14 Uhr
Hofcafé Späth:
Mo–Fr 10–18 Uhr
Sa/So 10–17 Uhr

Foerster Stauden
1910 entstand auf dem heutigen Betriebsgelände eine Gärtnerei für winterharte Stauden. Das besondere: die Pflanzen sind hier nach ihren lateinischen Bezeichnungen sortiert. Gleich nebenan befindet sich der berühmte Senkgarten von Karl Foerster, seit 1912 ein Gartendenkmal.

Foerster-Stauden GmbH
Am Raubfang 6
14469 Potsdam-Bornim
Tel. 0331 520294
info@foerster-stauden.de
www.foerster-stauden.de

Frühjahr bis Herbst
Mo–Sa 9–19 Uhr
So 11–14 Uhr
Einkaufsgarten
Info-Telefon 0331 5672615

Der Holländer
In 2 Filialen in Berlin findet man fast jede Pflanze und Pflanzenzubehör. Wer sich den Anfahrtsweg sparen will, kann auch im gut sortierten Online-Shop bestellen.

Pflanzencenter
am Berliner Olympiastadion
Der Holländer GmbH
Trakehner Allee 1a
14053 Berlin
info@der-hollaender.de

Pflanzencenter
am Treptower Park in Berlin
Der Holländer GmbH
am Treptower Park 71-74
12435 Berlin
treptow@der-hollaender.de

Mo–Fr 9–20 Uhr
Sa 9–18 Uhr
So 10–17 Uhr

Wettbewerbe

Sportplatzdschungel – Auf die Plätze, fertig, Vielfalt!
Gesucht werden Aktionen und Projekte, die auf Sportanlagen und deren Umgebung Beiträge zum Schutz der biologischen Vielfalt leisten, sowie gute Ideen und Konzepte zu diesem Thema.
Bewerbungen bis 15.9. 2012 bei
„Sportplatzdschungel“
c/o GRÜNE LIGA Berlin e.V.
Gudrun Vinzing, Karen Thormeyer
Prenzlauer Allee 8, 10405 Berlin
Tel. 030 443391-0
www.sportplatzdschungel.de

Kurse

Berliner Volkshochschule
Die Berliner Volkshochschule bietet eine breite Auswahl an Seminaren für Garteninteressierte an. Neben verschiedenen Kursen über bekanntere Pflanzen gibt es auch Kurse über Boden und Rasen; Kurse über Wildkräuter, Wanderungen und so weiter. Zu finden ist das Kursangebot auf www.berlin.de/vhs unter „Umwelt und Natur“.

Lehrgang bei der Späth‘schen Baumschule
Die Späth‘sche Baumschule bietet vor allem Tageslehrgänge rund um das Thema Pflanzen- und Gartenpflege an. Teilnehmen kann man nur durch Anmeldung. Termine für Lehrgänge findet man auf www.spaethsche-baumschulen.de.

Carolin Blenn ... entwickelte ihre Verbundenheit zur Natur während ihrer Kindheit in einem 50-Seelen-Dorf in der Uckermark. Seit sie in Berlin lebt, bewundert sie die Originalität und Kreativität, mit der in der Großstadt Naturräume geschaffen werden.

Kristina Ciaglia ... lebt und gärtnert im Berliner Norden. Sie ist Diplom-Polygrafieingenieurin und Malerin. Nach mehrjähriger ehrenamtlicher Pflege des Kräutergartens in der „Botanischen Anlage" Berlin-Blankenfelde ist sie nun Gartenfachberaterin in der Kleingartenanlage „Am Anger". Sie stellt selbst Kräutertees und Öle zu Heilzwecken her.

Michael Gödde ... – Geograf und Landschaftsökologe – hat langjährige Erfahrung in der Umweltverwaltung in mehreren Ländern und verschiedenen Kommunen. Seine Schwerpunkte sind ehemals Vegetationskunde und Schutz von Heiden, dann Politikberatung und seit 2008 Leitung der Obersten Naturschutzbehörde des Landes Berlin. Sein Steckenpferd sind alte Tomatensorten.

Michael Hinze ... ist Publizist, Hobby-Gärtner und aktives Mitglied der Fachgruppe Naturgarten im NABU Berlin (Naturschutzbund). Seit mehr als 17 Jahren betreut er auf der Basis eines Gartenpflegevertrages mit der GESOBAU AG Vor- und Hofgarten in einem Pankower Mietshaus.

Heide Hoffmann ... lehrt als Privatdozentin an der Landwirtschaftlich-Gärtnerischen Fakultät der Humboldt Universität zu Berlin Ökologie, Ökologischen Landbau und Urbane Landwirtschaft. Seit Ende der 90er Jahre leitete sie mehrere Projekte zur Urbanen Landwirtschaft, u.a. auch in Kuba und Argentinien, betreute zahlreiche Graduierungsarbeiten und publizierte im internationalen Rahmen zum Thema „Urbane Landwirtschaft/Urbaner Gartenbau".

Mely Kiyak ... lebt und arbeitet als Publizistin in Berlin. Ihre Essays, Analysen und Radiofeuilletons erscheinen unter anderem in der ZEIT, Welt, taz und Deutschlandradio Kultur. Sie ist politische Kolumnistin der Frankfurter Rundschau und der Berliner Zeitung. Mely Kiyak hat Sachbücher zum Thema Integration und Migration geschrieben, darunter: „10 für Deutschland. Gespräche mit türkeistämmigen Abgeordneten". 2011 erschien: „Ein Garten liegt verschwiegen. Von Nonnen und Beeten, Natur und Klausur". Mely Kiyak wurde 2011 mit dem Theodor-Wolff-Preis ausgezeichnet.

Marion Klotz ... betreut im Verlag terra press die Ferienzeitungen für die schönsten Reiseregionen und Publikationen der Naturlandschaften Brandenburgs. Die Berliner Journalistin gärtnert auf ihrem Plattenbau-Balkon.

Jana Kotte ... verlegt Reise- und Regionalliteratur im Berliner Verlag terra press. Spezialität des Verlages sind die „Grünen Reiseführer" – wie „Berliner Pflanzen – Das wilde Grün der Großstadt" oder „Begegnungen mit Potsdamer Bäumen". Sie ist Hobby-Stadtgärtnerin in Hinterhof und Baumscheibe.

Elisabeth Meyer-Renschhausen ... ist freischaffende Journalistin und Privatdozentin für Soziologie an der Freien Universität Berlin. Bücher: „Unter dem Müll der Acker – Community Gardens in New York City"; „Die Wiederkehr der Gärten..."; „Die Gärten der Frauen"; „Welternährung durch Ökolandbau?"; „Der Streit um den heißen Brei...." Sie rief 1997 die AG „Kleinstlandwirtschaft und Gärten" ins Leben, die die erste große Berliner „Gartenkonferenz" an der Humboldt-Uni 2000 organisierte. Mitgründerin/-gärtnerin der Interkulturellen Gärten/Gleisdreieck und des Allmende-Kontors. Führt auch Radtouren zu den Stätten des „Urbanen Ackerns"... elmeyerr@zedat.fu-berlin.de

Annette Mueller ... betreut seit 3 Jahren 20 Bienenvölker in Berlin, Brandenburg und Sachsen. Um einheimische Imker und Bienen zu unterstützen, hat die 35-Jährige 2010 die Berliner Bärengold GmbH (www.berlinerhonig.de) gegründet, eine Gemeinschaft von 20 Imkern, deren Ziel es ist, deutschen Honig wieder flächendeckend verfügbar zu machen.

Oskar Neumann ... lebt seit 40 Jahren in der Oderberger Straße und ist Mitbegründer der BIOS (Bürgerinitiative Oderberger Straße). 1991–93 war er Kiezgärtner in der Straße und auf dem Hirschhof. Als Geograf ist er freiberuflich für verschiedene Auftraggeber vorrangig naturschutzfachlich tätig; außerdem ist er u. a. Museumspädagoge am Berliner Naturkundemuseum.

Frank Pietsch ... lebt als promovierter Landwirt in Berlin. Er organisierte u. a. Schulhofprojekte in Moskau und Berlin und beteiligte sich an einem länderübergreifenden EU-Projekt mit Griechenland und Frankreich. Die Partizipation von Schülern, Lehrern und Eltern war für ihn der Schlüssel zum Erfolg. Seit 2003 ist er Vorsitzender des Fördervereins „Weingarten Berlin" e. V. mit besonderem Faible für die Berliner Weingeschichte.

Kerstin Stelmacher ... hat im Jahr 2000 den Kiezgarten in der Schliemannstraße/Prenzlauer Berg mit aufgebaut und gärtnert dort noch immer. Darüber hat sie sich mehr und mehr mit anderen Gemeinschaftsgärtnern berlin- und bundesweit vernetzt und ist seither leidenschaftlich in diesem Netzwerk für die Idee und Etablierung von Gemeinschaftsgärten aktiv. Als Geografin arbeitet sie in einem berliner Stadtteilmanagement.

Karen Thormeyer ... ist diplomierte Landschaftsplanerin und arbeitet seit über 10 Jahren bei der GRÜNEN LIGA Berlin, die sich vor allem mit stadtökologischen Themen auseindersetzt. Sie berät Menschen, die gern ihre Stadt oder auch nur ihren Hinterhof grüner machen wollen und initiiert Wettbewerbe zur biologischen Vielfalt und Begrünung von Hinterhöfen.

Werner Wiartalla ... – diplomierter Physikingenieur – beschäftigt sich seit über 20 Jahren mit Ökologieprojekten. Er arbeitet interdisziplinär mit Themen der Nachhaltigkeit, die Kultur, Ökologie, Ökonomie und Soziales gleichberechtigt verbinden. Neben der Dachbegrünung stehen Regenwassernutzung und Solaranlagen auf seiner Arbeitsliste. In den letzten Jahren widmete er sich der Baubiologie und entwarf gut gedämmte und bezahlbare Strohballenhäuser.

Impressum

Edition Terra ist eine Marke der
terra press GmbH
Albrechtstr. 18, 10117 Berlin
www.terra-press.de
ISBN: 978-3-942917-03-2
1. Auflage Mai 2012

Konzept: terra press GmbH/Jana Kotte
Texte: siehe Autoren Seite 156/157
Karten Seite 36/37, 126/127, 139: terra press GmbH
Gestaltung: terra press GmbH/Jana Kotte
Druck: Druckzone, Cottbus

Bibliografische Information der Deutschen Bibliothek:
Die Deutsche Bibliothek verzeichnet diese Publikation in der Deutschen Nationalbibliografie; detaillierte bibliografische Daten sind im Internet unter http://dnb.ddb.de abrufbar.

Alle Angaben in diesem Buch wurden nach bestem Wissen recherchiert. Sollten sich dennoch Fehler eingeschlichen haben, bedankt sich der Verlag für jeden Hinweis.

Fotonachweis

Allende-Kontor/Stelmacher, Kerstin 108, 112, 116, 117
Bauerngarten/Grafenstein 140
Berliner Weinverein/Pietsch, Frank 100, 101, 102
Bildarchiv Preußischer Kulturbesitz 6, 9, 49, 59
BIOS/Müller, Susanne und Ulrich, Markus 72
BIOS/Steger, Gudrun 72
Capra, Elena 141
Ciaglia, Kristina 33, 34, 35, 40
Cjacobs627 147
Doesburg, Theo van 60
Doris Antony 64
fotolia/flashpics 75
fotolia/Wojciech Gajda Titel unten
Graichen, Thomas 92, 93
Häsler, Heiderose 144
Heimann, Ilona 33
Hinze, Michael 18, 20, 24, 26, 27
Hoffmann, Heide 135, 138, 140, 141, 142, 143, 144, 145, 149
Kiyak, Mely 121, 122, 123, 124, 125
Knoop, Johann Hermann 57
Kotanyi, Christophe 44
Kotte, Heidelore 20, 35, 55, 120
Lauche, Wilhelm 96
Lichtenrader Volkspark e.V./Spranger Wolfgang 97, 98, 99
Malzfabrik 148
Meyer-Renschhausen, Elisabeth 10, 38, 43, 45, 52, 53, 56, 60, 62, 63, 80, 85, 119
Neumann, Oskar 68, 70, 71
Privatarchiv Lesser/Ludwig Lesser 64
Sansculotte 50
shutterstock/picturepartners 30
terra press/Blenn 9, 93
terra press/Kotte 4, 7, 8, 10, 11, 12, 13, 15, 16, 18, 19, 21, 22, 23, 24, 25, 26, 28, 29, 30, 31, 32, 40, 42, 43, 45, 46, 47, 51, 61, 62, 63, 65, 66, 67, 68, 69, 70, 73, 74, 76, 77, 78, 79, 81, 82, 83, 84, 86, 87, 89, 90, 95, 97, 99, 106, 107, 108, 109, 111, 112, 113, 114, 115, 116, 117, 118, 128, 131, 132, 134, 136, 137, 138, 146 und Titel/Rücktitel
terra press/Nölte 41, 53, 55, 58
ufaFabrik/Wiartalla 14, 15, 16, 17
Valcenteu 149
von Olivier, Heinrich 135
Wildblumenwiese e.V. 87, 88, 89, 90
Zieger, Rene 91

Hat Ihnen dieses Buch gefallen?
Dann hätten wir noch diese für Sie:

Potsdam. Der illustrierte Stadtführer
Potsdam – die Stadt der Schlösser und Gärten, der Wissenschaft und Kultur – wird in diesem Stadtführer in all ihren Facetten vorgestellt. Ein Reisebegleiter mit Touren, Anekdoten und jeder Menge Tipps.
200 Seiten, 30 Karten und 3-D-Darstellungen, 300 Fotos und Grafiken, deutsch und englisch
ISBN 978-3-9810147-6-1, 11,80 Euro

Potsdam. Begegnungen mit Bäumen
Wenn Bäume erzählen könnten… Sie können es! Claas Fischer, der sich als Vermittler zwischen Natur und Mensch versteht, hat ihnen zugehört und ihre Geschichten zu Papier gebracht. 24 Potsdamer Bäume führen durch die Stadt, ihre Parks und Gärten und durch 400 Jahre Potsdamer Geschichte.
120 Seiten mit 180 Fotos, 6 Park- und Übersichtspläne
ISBN 978-3-9810147-9-2, 14,80 Euro

Berliner Pflanzen. Das wilde Grün der Großstadt
Wer schaut beim Vorbeihasten schon auf die kleinen Schönheiten am Wegesrand? In Pflasterritzen wachsen sie und Mauerfugen, an Bordsteinkanten, auf Rasen und City-Brachen. Viele werden heute als „Unkraut" abgetan. Dem wilden Grün im Herzen Berlins sind die Autorinnen auf der Spur, denn Pflanzen erzählen Erstaunliches über die Geschichte der Stadt. 120 Seiten
ISBN 978-3-9812477-3-2, 14,80 Euro

Uckermark. Ein Wegbegleiter
Die Uckermark bietet landschaftliche Schönheiten, ursprüngliche Natur und historische Städte. Der größte Landkreis Deutschlands hat sich in den vergangenen Jahren vom Geheimtipp zum beliebten Urlaubsziel entwickelt. Vor allem Wanderer – egal ob zu Fuß, mit Rad oder Kanu – finden hier ein ideales Terrain.
Über 400 Fotos, Karten, Wander- u. Stadttouren, 176 Seiten
ISBN 978-3-9812477-8-7; 14,80 Euro

www.terra-press.de